AF209155

Fredrik J. Lyles

Hugos Café

Eine poetische Reise durch
Verlust und Neuanfang

Gedichte

Über das Buch

Der Autor Fredrik J. Lyles schlitterte im Frühjahr 2024 durch mehrere Schicksalsschläge in eine Krise, die zu einer schweren Depression führte. In diesem Gedichtband erzählt er die Hintergründe und welche Folgen diese nach sich zog. Er wurde mehrere Monate krankgeschrieben und begab sich für zwölf Wochen in eine psychiatrische Tagesklinik.
In seinen Gedichten, die er in den drei Wochen seines anschließenden Urlaubs schrieb, beschreibt er seine Identitätskrise und den Fortgang der psychiatrischen Behandlung ebenso, wie die Begegnungen mit Menschen, die ihm auf diesem Weg begleiteten bis zum Wiedereintritt in sein Berufsleben als Lehrer.

Bibliografische Information der Deutschen Nationalbibliothek:
Die Deutsche Nationalbibliothek verzeichnet diese Publikation in
der Deutschen Nationalbibliografie; detaillierte bibliografische Daten
sind im Internet über dnb.dnb.de abrufbar.

Grafik: Inna Skaldutska/ Shutterstock.com

Satz, Umschlaggestaltung und Verlag:
BoD · Books on Demand GmbH,
In de Tarpen 42, 22848 Norderstedt, bod@bod.de

Druck: Libri Plureos GmbH,
Friedensallee 273, 22763 Hamburg

ISBN: 978-3-7693-7197-0

Inhalt

Vorwort

Fredrik J. Lyles ist das Pseudonym für einen Mann fortgeschrittenen Alters, der am Scheideweg stand und einem Wendepunkt in seinem Leben. Der seitdem zu einem Grenzgänger wurde, der er in seiner Jugend schon gewesen war. Als er als 14-Jähriger in der Dunkelheit des Esszimmers, auf dem Klavier improvisierend oder abends in der dunklen Kirche allein an der Orgel versuchte, seinen Gefühlen und der streng lutherisch geprägten Enge des patriarchalischen Elternhauses zu entfliehen.

Der Wendepunkt kam, als seine geliebte Mutter starb, die ein Wesensanker in seinem Leben war und deren Verlust ihn schwer traf. Nachdem seine drei Kinder schon längst ausgezogen waren und ihr eigenes Leben begonnen hatten, trat auch seine Frau nach 25 Jahren Ehe kurz vor dem Tod der Mutter den Rückzug aus seinem Leben an und verließ ihn und das gemeinsame Haus.

Sein Lebensentwurf war mit einem Mal gescheitert und er musste sich, aus der Bahn geworfen, neu orientieren und allein mit sich und der Welt klarkommen. Körper Geist und Seele taten gemeinsame Sache und zwangen ihn abrupt und unmissverständlich durch einen Totalausfall zum Stillstand. Als kurz darauf noch sein geliebter Kater Sammy starb, der wegen einer unheilbaren Kolik eingeschläfert werden musste und als einziger mit ihm noch zusammen im ehemals gemeinsamen Haus wohnte, überrollte ihn eine schwere Depression. Anhaltende Schlaflosigkeit, totaler Antriebs- und Appetitverlust folgten über viele Monate hinweg und er verlor völlig den Lebensmut bis zu diesem Buch.

Nach einem halben Jahr Krankschreibung und einer Therapie in einer psychiatrischen Tagesklinik mit vielen Grenzerfahrungen und nicht enden wollenden Selbstzweifeln, Ängsten und Monstern ging er dort buchstäblich durch Himmel und Hölle. Bis sogar der Tod an seine Tür klopfte, den er fast hineingelassen hatte.

In der Klinik traf er auf die jüngere Frau und Mitpatientin B. Der rege geistige Austausch zwischen beiden über Sprache und Gedichte in ihren Gesprächen führte für eine kurze Dauer zu einer intensiven, verwirrenden und paradoxen Verbindung, welche sie beendete, um ihre Therapie nicht zu gefährden, als er die Klinik bereits verließ. Die außergewöhnliche Begegnung mit ihr war folgenreich und auch entscheidend für die Entstehung dieses Buches. Sie wurde für L. die Motivation, überhaupt mit dem Schreiben zu beginnen.

In einer ruhigen Grenzstadt nahe der dänischen Grenze, hoch oben im Norden, schreibt Fredrik J. Lyles diesen Gedichtband um im Urlaub das Geschehene zu verarbeiten. Herausgekommen ist dabei eine Art Tagebuch seiner Krankheit, die er in den Gedichten beschrieb und eine Abrechnung mit seinem alten Leben. Aber auch andere Erfahrungen in neuen Begegnungen danach kommen zu Wort.

Das Schreiben wurde für ihn fortan zur Eigentherapie und hatte den Charakter eines Überlebenskampfes, den er zu gewinnen versuchte.

Warum Lyles keine Erzählung oder einen Roman geschrieben hat, statt dieser Gedichte, beantwortet er damit, dass die Gedichtsprache mehr fokussierender, prägnanter, facettenreicher und somit modellierbarer sei, als die rein erzählende Sprache.

Der Besitzer von Hugo's Café, welcher eigentlich ganz anders heißt, wurde so etwas wie ein Anker in dieser unverdeckten Zeit.

Dort in der Grenzstadt im hohen Norden schrieb Fredrik J. Lyles jeden Tag in seinem Café an den Gedichten. Die ersten davon wurden schon kurz nach der Therapie geschrieben. Die meisten jedoch sind innerhalb von drei Wochen dort während seines Urlaubs entstanden. Einige davon lesen sich wie ein erzählender Erfahrungsbericht. Andere dagegen sind lyrischer und expressiver.

Ohne Punkt und Komma

Wortgrenzen und Satzgrenzen Warum sollte es sie geben Ohne viel
Nachdenken war das eine schnelle und intuitive Entscheidung

Meine Sprache soll unbegrenzt über die Ufer treten dürfen
Braucht keine Bordsteinkanten für einen sicheren Weg

Kein breiter und gerader Kanal Eher wie ein unbegradigter Bach
Zuweilen auch ein reißend tobender Fluss

Fließt meine Sprache für sich frei in meinen Geschichtenwelten
Ungebändigt gedanken- und grenzenlos wohin sie will

Deshalb schreibe ich gänzlich ohne Anfang und Ende
Ohne Punkt und Komma Ohne Zeichen einer Frage oder des Ausrufens

Großgeschrieben sind neue Gedankenströme und generell die zweite
Zeile oder gedankliche Einschiebungen

Die einzige Grenze die ich mir gesetzt habe Ohne Wenn und Aber
Ist die Schreibform in Doppelzeilen

Weil die Gedanken meiner Sätze sich wie eine Doppelhelix von
DNA- Strängen verhaken und verknäuen wenn Widersprüche auftauchen

Verdrehen Sobald Gefühle ins Spiel kommen Auferlege ich
Meinen Sätzen diese strenge Struktur Um nicht abzuschweifen

Gleichwohl wissend Dass es anstrengend wird beim Lesen
Den in die nächsten Doppelzeilen hinüberspringenden Gedanken

Zu folgen Ist diese Form Ausdruck meines Denkens im Sein und Werden
Rauf und Runter Vor und Zurück Für und Wider Weder Noch

Ein Hinweis zur Erleichterung ist Dass die kursiv gedruckten
Sätze solche der Wörtlichen Rede und des Denkens sind

Der Geschmack von Wörtern

Ich verdrehe Wörter und Sätze schon in meinem Kopf
Zu Spiralen Die sich ineinander verhaken

Für Köche gibt es richtige und falsche Zeitpunkte Besondere Zutaten
Der noch den besonderen Kick gibt

Schmecke ich mehrmals Wörter und Sätze ab wie ein Koch die Sauce
Bis ich das richtige Aroma gefunden habe

Einen Spritzer Wein Balsamico
Eine Prise Muskatnuss oder ein sonstiges Gewürz

Zuweilen erfinde ich ein neues Gericht
Unerwartete Wortkreationen

Mit einer antagonistischen Kombination von Wörtern
Scheinbar nicht zueinander passend Sich doch harmonisch verbinden

Von allem und mit alldem werde ich mit Worten und Sätzen
In meinem Gedichtband schreiben

The Last Dance

Mein Kopf hat sich gemütlich eingelebt In seinem schlaflosen Gedanken-
labyrinth Aufstehen Hinlegen Wie ein nie endender Tanz

*Immer wenn es Zeit wird zu gehn Vergess ich was mal war Und bleibe Stehn
Das Herz sagt Bleib Der Kopf schreit Gehn Herz über Kopf*

Drehst diesen Song im Radio lauter Auf einer unserer Urlaubsfahrten
Nahmst die Abzweigung ohne mich Lange vor deinem Ende

Dein Herz wusste längst den Plan den mein Kopf nicht wissen wollte
Deine über viele Jahre größer gewordene Distanz

Meine Blindheit Verständnislosigkeit Fassungslosigkeit Verzweiflung
Sprachlosigkeit und der Selbstbetrug konnten sie nicht aufhalten

Nach 25 Jahren Die Explosion und Sprengung der Realität in unserer
Familie Dein Akt der Befreiung Mit den Worten *Ich habe ja so gelitten*

Mit diesem letzten Satz Ohne ein Wort der Erklärung Rammtest du mir
Ein langes Messer tief in den Rücken und in meinen Kopf

Das mich verwundet in Schuld und Scham zurücklässt Zum Stillstand
Und in meine Therapie zwingt Als hättest nur du durch mich gelitten

Auch deine eigenen Kinder Die nun nicht mehr meine sind Folgten
Dir bereitwillig und sprachlos in deine Lüge von Schuld und Sühne

Der Einzige der mir noch zuhört Nicht einer allein die Schuld trägt
Ist der gemeinsame Sohn Täter und Opfer Gewinner und Verlierer

Scheinen immer die Gleichen Wozu wird man geboren Macht man sich
Selbst im Leben Ich brauche eine neue Geschichte für mein Leben

Dein ersehnter Aufbruch in das Leben danach Mein Absturz in das Alte
Ein letzter Tanz in der Klink Der die harten Schalen der Lüge aufbricht

Wozu das alles

Gut sein soll Frage ich mich ohne Schlaf jede Nacht die gleichen Fragen
Wo wird das noch hinführen Was soll werden Aus mir

Aus Rache für mein Versagen Gehe ich noch wochenlang
Mit dem Messer im Rücken arbeiten

Bis ich irgendwann aufgebe und kapituliere Zum ersten Mal
In meinem verdammten Leben

Was bleibt ist die Wut Unendliche Wut und Verzweiflung
Über das Nichtwahrhabenkönnenundwollen

Diese Ehe nicht selbst und früher von meiner Seite aus beendet und
Meine Fehleinschätzung Diese Familie geheiratet zu haben

Ausgeliebt Abgelehnt Abgegeben Aussortiert wie Sperrmüll
Liegt mein Leben nach mehr als 25 Jahren am Straßenrand

Nicht mehr genügen Nicht mehr gewollt werden Nicht mehr verdient
Geliebt zu werden In guten wie in schlechten Tagen

Was bleibt Eine verlorengegangene Lebenszeitverschwendung
Zu spätes Erkennen Dass wir nicht zueinander passen konnten

Ein Satz kommt mir immer wieder in den Sinn in zahllosen Nächten
Den ich nicht nur einmal in den letzten Jahren zu dir sagte

Ich bin einverstanden Dass du jetzt gehst
Aber nicht damit Wie du gegangen bist

Du hast dich schon vor vielen stummen Jahren leise davongeschlichen
Ohne uns ein Wort zu sagen Wie eine Diebin in der Nacht

Letzte Worte

KEINE LÜGE KANN DIE WAHRHEIT ERSTICKEN
KEINE NOCH SO KUNSTVOLLE MASKE KANN DIE GIER VERDECKEN

KEIN GELD DER WELT KANN DEN VERRAT AUFWIEGEN
KEINE SANFTMUT KANN DIE WUT TILGEN

KEIN VERSPRECHEN WIRD FRIEDEN GEWÄHREN
KEIN GLÜCK WIRD BEGANGENES UNGLÜCK JE VERDRÄNGEN

NIEMAND WIRD DIE EINSAMKEIT AUFHALTEN
NIEMAND DIE VERLORENE ZEIT ZURÜCKBRINGEN

KEINE ZUKUNFT DIE VERGANGENHEIT VERGESSEN MACHEN
KEINE MEDIZIN DIE ERLITTENEN WUNDEN HEILEN

ANSPRUCH AUF BEWÄHRUNG
WIRD ABGELEHNT

Zersprungener Spiegel

Seit Monaten standhaft jegliches Zwiegespräch mit ihm vermeidend
Explodiert er eines Tages unangekündigt

Herausgesprengt aus der Familie Zersplittert er in tausend Stücke
Mein Spiegel im Bad Mit Scharfen Kanten und spitzen Ecken

Die sich Hineinbohren und steckenbleiben In Stirn und Wangen
Und in jeden Gedanken Mit seinen wiederkehrenden Fragen

Schneiden sie noch tiefere Wunden Mittenhinein in mein Gesicht
Mein Altes liegt unsortiert und zerstreut Vor mir auf dem Boden

Schmerzhafte Ahnung eines Portraits von Pablo Picasso
Wo Nase Augen und Mund nicht hingehören sollten Ins Bild

Von meinem Selbst Nichts ist mehr an seinem ursprünglichen Platz
Mein Gesicht Auf den Kopf gestellt Verzerrt und entstellt

Hat eine Generalsanierung dringend nötig
Wenn die Wunden verheilen

Liegen bleibt in den Fragmenten meines zerstückelten Ichs
Ein notwendiges Ende Das seinen Anfang vergisst

Ohne Antwort

Auf Fragen Die ich dir nicht stellen konnte
Ohne deine Lüge dahinter in Worte fassen zu müssen

Wann war der Point of No Return
Der dich den getrennten Weg einschlagen ließ

Erstarrt in Angst Dem Unvermeidlichen ins Auge zu blicken
Stattdessen Veränderungen Im Geheimen Ungesagt Ungeteilt Ungewollt

Jahrelang bewegungslos gefangen In andauernder Sprachlosigkeit
Hast du den richtigen Zeitpunkt in aller Seelenruhe abgewartet

Gescheiterter Lebensentwurf nach langer Ehe
Bleierne Zeit eines lang geplanten Abschieds

Im Ende stirbt von allein das einstige Versprechen In meinem
Neuanfang verzichte ich auf letzte Fragen ohne Antwort

Warum

Ich frage ich mich *Warum muss ausgerechnet mir das passieren*
Was man immer nur von anderen hört

Warum muss immer einer schuld sein
Fragen auf die es keine Antworten mehr gibt

Antworten die ich nicht hören will Weil sie die Geschichten zerstören
Die man sich über Jahre um sein Leben herum gesponnen hat

Bin ich liebesunfähig Bin ich es nicht wert geliebt zu werden
Das gesprengte Ich Aus dem das Du herausgerissen und abhanden

Gekommen ist Wird konfrontiert mit der eigenen Unzulänglichkeit
Braucht Zeit um zu sich selbst zurückzufinden Neu zu erfinden

Eigentlich ist nicht die Zeit für irgendwelche belanglose Ichgeschichten
Angesichtes der Tatsache

Dass sie wieder marschieren im Geheimen Versteckt in grauen Wäldern
Die Machtergreifung mit geschickter Tarnung und Verführung

Der Jugend an den Wahlurnen vorantreiben Bis sie erreicht haben was
Sie wollen Deutschland den Deutschen

Die Opfer mit Fremdenhass vor sich hertreibend In Ost und West
Sich Lügenbaronen und selbstkreisenden Autokraten anbiedern

Sollte mein Ich seine zerbröselte Geschichte
Nicht allzu ernst nehmen Angesichts der Geschichte die sich wiederholt

Es gibt wieder Krieg in Europa Die längst vergessenen Reste der Asche
Des Kalten Krieges glommen noch Und sind neu entflammt

Doch es ist wie es ist Das menschliche Leben Es ist das Leben selbst
Das am einzelnen Ich verzweifelt und zu scheitern droht

Ruine

Wie ein Fremder laufe ich
Durch die Räume des Hauses Wie ein Geist

Niemand und kein Geräusch stört mich
Bei meinem geschäftigen Nichtstun

Dröhnende Stille empfängt mich bei der Rückkehr
In unser Haus Das jetzt nur noch meines ist

Wände und Räume Einst von Leben erfüllt und einem Versprechen
Werden wieder stumm für mich Und unsichtbar

Nichts davon was darin einst geschah
Hat noch irgendeine Bedeutung

Sinn- und zwecklos bewege ich mich wie ein lebender Toter
In der Ruine meiner Vergangenheit

Von den Wänden hallt nur das stille Echo einer Sehnsucht wider
Nach einer fernen Zukunft Den kalten Ort für immer zu verlassen

Das Eingeständnis

Ich schwitze schon im Zug An meinem ersten Tag
Auf der Fahrt in mein neues tägliches Zuhause in der Klinik

Vier Wochen vorher In ihrem Büro Sprach ich die Worte
Ich kann nicht mehr in das sprachlose Gesicht meiner Chefin

*Ich habe schon seit einiger Zeit gemerkt dass Sie etwas beschäftigt
Und es Ihnen nicht gut geht* sagte sie nur

Die Tränen in meinen Augen bewiesen es Der zehn Jahre lang so gut
Wie nie krank war Und verlässlich jeden Tag zur Arbeit kam

Ist offensichtlich nicht mehr der Der er einmal war
Der Blick der Chefin sagte *Ich hatte recht*

Die andere kam wortlos auf mich zu Nimmt mich in den Arm
Verblüfft ließ ich das Zeugnis meines Versagens über mich ergehen

Das Wichtigste sei *Dass ich erstmal wieder gesund werde Mir dafür
auch Ausreichend Zeit nehme* sagte die Chefin zum Abschied

Mit dem Versprechen bald ein ärztliches Zeugnis abzugeben
Verlasse ich meinen Arbeitsplatz für eine lange Zeit Ohne mir das

Geringste anmerken zu lassen Bei Kindern und Kolleginnen
Laufe ich mit meiner alten ramponierten Schultasche durch den langen

Flur Vorbei an meinem Klassenzimmer
Hinaus zu meinem alten klapprigen Rad draußen im Hof

Fahre mit ihm nach Hause Eigentlich wie immer Nun mit der
Ahnung Dass ich genauso alt und klapprig bin wie mein Fahrrad

Aufgegeben

In den folgenden vier Wochen
Versagen Immer mehr Teile meines Körpers ihren Dienst

Höllenschmerzen der rechten Brustwirbel
Als würde ein Messer im Rücken stecken

Die rechte Wade fühlt sich an
Als wolle sie explodieren

Das linke Bein verhält sich auch nicht besser
Seine Fußsohle brennt wie Feuer Bei jedem Tritt

Kein Entrinnen und auch kein Fortkommen mehr
Komme ich zum absoluten Stillstand

Nicht mehr im Vollbesitz meines Körpers Setzt er mir ohne jeden
Zweifel ein unmissverständliches Stoppzeichen

Schleppt er sich jeden Tag irgendwohin vorwärts Kaum mehr in der Lage
Das Nötigste zu tun als Hausarbeit oder Einkaufen Schlucke ich IBU's

Wie andere Pfefferminzdrops Erinnere mich an den entsetzten
Gesichtsausdruck der Ärztin Frau H. Als sie nach meiner derzeitigen

Tabletteneinnahme fragt Wie soll ich In diesem Zustand
Meine Therapie angehen wenn ich nicht mal laufen kann

Gefühlt am Ende bevor es überhaupt anfängt
Tötet mein Körper jede Hoffnung auf Besserung ab

Im Gefängnis meines unzureichenden Körpers schleiche ich wie ein
Blinder der übersehen wird durch die Außenwelt Und schäme mich

Wenn ich zum Einkaufen das Haus verlasse Aus Angst Leuten zu
Begegnen die mich kennen *Der sieht doch gar nicht krank aus*

Am Leben

Ich bin am Leben
Von außen betrachtet

Zahlreiche Verletzungen und tiefe Wunden
In meinem Inneren

Bezwingen mich auf den Boden Bis zur Bewegungslosigkeit
Langsames Sterben Bis zum absoluten Stillstand Schockzustand

Eingeschränkte Sicht und beschränkte Motorik
Vegetativer Notbetrieb

Unbewusst nebliges Gewaber in mir und um mich herum
Kannsein oder Nichtsein Allerorten und jederzeit

Verkrustende Narben härten mich von innen heraus
Wie erstarrendes Flüssigharz

Das Leben im Außenuniversum Es fliegt erbarmungslos weiter
Drinnen in der Therapie Bemerke ich nichts davon

Ein Leben in Therapie In einer Tagesklinik
Ohne Richtung Ohne Absicht Ohne Plan Ohne ein Ziel

Ob mein Geist sich jemals wieder in Bewegung setzen kann
Ist unerheblich im Jetzt Ich weiß nur Ich bin am Leben

Der Schwarze Hund

Sie haben ein neues Haustier Einen blinden Passagier sagte Herr W.
Der Pflegedienstleiter in einem unserer wöchentlichen Gespräche

Zu mir Und drückte mir ein kleines Bilderbuch in die Hand
Mein Schwarzer Hund hieß es

*Wenn sie es gelesen haben k*önnen sie ihn sehen und hören
Was ich abends dann auch tat

Auf dem Sofa *Hallo Schön hast du's hier*
Meinte der Schwarze Hund lapidar Der auf einmal neben mir saß

In den nächsten Tagen lernten wir uns näher kennen
Das Sofa war sein Lieblingsplatz Genauso wie meiner

Er mochte es Wenn ich mit Chips und Bier oder einer Tiefkühlpizza
Aus dem Supermarkt einen Fernsehabend verbrachte

Schaute geduldig Serien auf Netflix oder auch mal einen Actionfilm
Da konnte er sich so richtig breit machen

Sport ist Mord knurrte er missbilligend Wenn ich mich aufraffen und mit
Dem Rad zum Einkaufen fahren wollte Er hasste Bewegung

Er schaffte es dass ich älter aussah wie ich eigentlich bin Zog gern
Mit beiden Pfoten meine Wangen runter Im Spiegel

Mein Hund hasste Gesellschaft Wenn ich etwas unternehmen wollte
Zerrte er mich mit den Zähnen seiner Schnauze von der Haustür weg

Er liebte es wenn ich nachts aufstand
Um die wiederkehrenden negativen Gedanken zu durchbrechen

Dann sprang er hellwach vom Sofa um sein Geschäft draußen zu erledigen
Während ich rauchend auf der Terrasse den Gedanken nachhing

Mit ihm fühlte ich mich ausgeschlossen von allem und jedem
Wollte dass mich keiner so sah und erkannte

Schämte mich für den Schwarzen Hund Wenn ich im Supermarkt
Schnell durch die Regale meinen Wagen trieb

Wurde unsichtbar Einen Kranken den man nicht sah war krank
Einen den man sieht ist nicht krank

So verheimlichte ich meine Krankheit und musste mitansehen
Wie der Schwarze Hund von Tag zu Tag größer wurde

Mit ihm war ich nicht nur niedergeschlagen
Traurig oder melancholisch Ich fühlte irgendwann nichts mehr

Als ich zu ihm sagte *Jetzt reicht's* Ihn im Kampf in die Flucht schlagen
Wollte behielt er spielend die Oberhand Lachte nur

So riesig geworden War es leichter auf dem Boden liegen zu bleiben
Die schnellste Art einen Kampf zu beenden war Ihn zu verlieren

Auch mit der Medizin die ich ab der zweiten oder dritten Woche bekam
Konnte ich den Hund nicht vertreiben oder kleiner werden lassen

Musste mir eingestehen Dass ich ihn so schnell nicht wieder loswurde
Als er bei meinem Zusammenbrauch in der vierten Woche

So riesig geworden war dass ich kaum mehr Platz auf dem Sofa hatte
Ich erkannte Dass es besser war ihn herauszulassen

Statt ihn eingesperrt zu halten Weil ich wusste
Dass er noch länger bei mir wohnen bleiben würde

Verlor ich irgendwann meine Angst vor dem Schwarzen Hund
Wenn ich ihn nicht mehr versteckte War es leichter

Nicht daran zu denken was ich durch ihn verlieren
Sondern was ich auf andere Weise zurückgewinnen konnte

Bedeckte Zeit

Ist die Zeit In welcher der Schwarze Hund am fiesesten und stärksten ist
Mich am Boden hält mit seinen gnadenlos riesigen Pranken

Bis ich aufgebe Mich nicht mehr bewegen will
Vollkommen bedeckt bin Von seinem schweren schwarzen Fell

Das mir die Lust am Atmen und Irgendwieweitermachen nimmt
Mir keine Wahl lässt mit all seinem *Du musst doch irgendwie …*

Alle notwendigen Übel der Außenwelt mich zudecken Mich entfernen
Von jeglicher Selbstbestimmung und was das Leben noch bietet

Mir die Kraft raubt daran zu glauben Dass es noch etwas anderes gibt
Das mir lebenswert erscheint In einer Zukunft

Nicht endende medizinische Untersuchungen und Diagnosen
Körperliche Schmerzen und finanzielle Einbußen

Scheidung zu Ende bringen Therapie erfolgreich zu Ende bringen
Haus in Ordnung halten Zur Arbeit gehen Wieder zum System gehören

Mein neues finanzielles Leben vom Alten trennen
Abhängig und angekettet in der Kreisbahn des Außenkarussells

Einen neuen verdammten Plan haben müssen für irgendeine Zukunft
Von der ich noch nicht weiß Wie lange ich auf sie warten muss

Das Alte endlich hinter mir lassen und loslaufen In ein neues Leben
Das zu keinem Du Zu keinem Etwas Oder irgendjemandem gehört

Bis die vernarbten Geschichten ihren Schrecken verloren haben und
Ich mich nicht mehr verstecken muss Ein Fremder sein kann in einer

Fremden Stadt In der mich keiner kennt Mir keine Sorgen machen muss
Weil ich keine Geschichte mehr für mein Leben habe Die sich lohnt

Die Richtige

Durch den sicheren Abstand des Blicks in den Rückspiegel
Meiner Erinnerung frage ich mich Ob sie die Richtige war

Als ich wie gewohnt etwas nervös im langen Gang Oben im dritten
Stock Der Klinik auf dem blauen Stuhl sitze und warte Oder war es der Grüne

Vor ihrem Büro auf den Termin in meiner Einzeltherapie mit Frau Dr. S.
Sie die Türe öffnend mich mit dem immergleichen Ritual begrüßt

Zuerst ihr Blick in die entgegengesetzte Richtung Dann in meine
Begrüßt sie nur meinen Nachnamen Tritt mit einem kleinen Schritt

Professionell langsam zur Seite Lässt mir den Vortritt in mein täglich
Anstrengender werdendes Sichherausredens aus dem Ichuniversum

Nimmt ihr Notizbrett mit dem neuen weißen Blatt von ihrem Schreibtisch
Setzt sich in ihren Stuhl am Fenster gegenüber und Schweigt so lange

Bis ich ihre Seelenruhe nicht mehr aushalte Beginne mit den Worten
Die ich mir vorher draußen im Gang sorgfältig überlegt habe

Frage mich nicht zum ersten Mal Wie diese junge Frau Höchstens
Anfang Dreißig runde Brille halblange braune Haare und unscheinbar gekleidet

Mit derart provokativer Harmlosigkeit schweigen kann Später wieder
eine neue Seelenhautschicht abzieht Die sie sich vorgenommen hat

Mit ruhiger leiser Stimme An die ich mich schnell gewöhnt habe stellt
sie Die Frage Später noch oft von ihr hörend Als ich ihr erzählte

Dass ich gestern vom Café aus An der Straßenecke beobachtet habe
Wie sie an der Ampel wartete Um im Edeka gegenüber einzukaufen

Dass ich mir selbst nicht erklären kann Warum ich mich bei
Irgendetwas ertappt gefühlt und geschämt habe

Mich duckte und den Oberkörper weggedrehte Damit sie mich auf keinen
Fall entdecke *Was würde passieren Was würde geschehen wenn …*

Lautet diese Frage Die meine Erinnerung für immer mit ihr verbindet
Selten zufriedenstellend beantwortet Entschuldige ich mich grundlos

Meine Beobachtung habe sich in ihrer Banalität zu intim und irgendwie
Zu normal angefühlt Neben unseren vielen Gesprächen

In ihrem Büro Mit all den Untiefen und den Ernsthaftigkeiten meiner
Krankheit Bemerke ich Dass das weiße Blatt in ihrer Hand voller wird

Mit ihren Notizen die mich zunehmend provozieren Weil ich sie nicht
Sehen oder lesen kann Stelle ich mir stumm die Frage

Die ich erst bei unserem Abschlussgespräch in der letzten Woche
Mich traue auszusprechen *Was schreiben Sie auf das weiße Blatt*

Mit dem immergleichen Blick mit leicht hochgezogenen Augenbrauen
Beantwortet sie diese mit einem Lächeln ihres linken Wangengrübchens

Mit der immergleichen Ahnung Die ganze Zeit alleine geredet zu haben
Verabschiede ich mich heute wie immer mit dem einzigen Wort *Danke*

Viele Wochen später habe ich erkannt und musste ich zugeben
Dass ich sie unterschätzt habe Ob sie die Richtige sei für mich

Um mir überall dahin zu folgen Wohin meine Gefühle und Gedanken
von Schuld Scham Verlust Traurigkeit und Resignation mich geführt haben

Bis in den tiefen dunklen Brunnen In dem es weder Zeit noch Gefühl
gab Außer einer Woche lang kein Entrinnen

Sie hat die richtigen Schlüsse daraus gezogen Und geduldig alles
Angehört Die richtigen Verbindungen zu Familie Kindheit und Arbeit

Herstellen können Wie man es von einer professionellen Psychologin
Erwarten kann *Was würde geschehen wenn ich wieder zu ihr komme …*

Der tiefe Brunnen

Der schwarze Hund führt mich stumm durch die Einöde zu einem Brunnen
Mit gläsernem Aufzug darin Der nur eine Richtung kennt Nach unten

Wortlos steige ich ein Zurückbleibend gibt er mir eine brennende Kerze
Sein Blick sagt *So viel Zeit hast du für deinen Kampf Bis sie erlischt*

Ewigkeiten lang dauert die Fahrt mit dem Spiegelbild meiner Kerze im Glas
Das Licht von oben schwindet immer mehr Immer tiefer und dunkler

Kenne den Grund und den Gegner meines letzten Kampfes in der Therapie
Im schwachen Kerzenschein: Ich und nur Ich

Dessen Ausgang darüber entscheidet ob ich für immer dort unten bleibe
Oder den schmerzhaft langen Aufstieg zurück ins normale Leben nehme

Unten ausgestiegen verschwindet der Aufzug aus Glas
Eine steinerne endlose Wendeltreppe nach oben nimmt seinen Platz ein

Keine Wände Kein Boden Keine Decke Kein Licht Außer meiner Kerze
Kein Hunger Kein Durst Kein Sauerstoff Kein Fühlen Kein Anders Keine Wahl

Gleichsam schwebend sitze ich vor einer sich auf der schmalen Kante
schwindelerregend drehenden Münze Auf welche Seite sie fällt Kopf oder Zahl

Begreife die Bedeutung der zwei Seiten Der mühsam lange Wiederaufstieg in
Das entfremdete Danach Irgendwieweiterlebenundkämpfens im Daoben

Oder das wohltuend zeitlose Aus- und Insichruhende im Daunten
Ohne Sorge um mich selbst Ohne Verantwortung irgendeines Danach

Hier will ich bleiben Will nicht nach oben Nicht jetzt Sitze nur da und
Schaue durch das mich anfüllende Nichts Der sich drehenden Münze zu

Atme das Nichts ohne zu ersticken Genieße zufrieden diesen Moment
Ohne jegliche Angst zuckt schwach das flackernde Lebenslicht

Eine Kerzenlänge Zeit Akzeptiere ich ausnahmslos die drehende Münze
Meine und doch nicht meine Entscheidung Auf welche Seite sie fällt

Durch den Schleier

Des graudichten Nebels sehe ich keine Menschen auf der Straße
Obwohl es von den geschäftig zur Arbeit Hastenden nur so wimmelt

Sehe nichts als meine eigenen Füße auf dem unbedeutenden Asphalt
Einen unbeabsichtigten Schritt vor den anderen machen

Schaffe es aufzusehen um nicht bei Rot ein Gehupe zu riskieren
Weiß ich nicht mehr Wie ich bis zur Tür der Klinik gekommen bin

Wenn ich heute erinnernd zurückschaue Auf diese vierte Woche
Sehe ich schleierhaft kein Gefühl mehr und keinen Gedanken

Der sich festzuhalten gelohnt hätte
Mechanisch gehe ich in alle Räume und Therapien der Klinik

Ohne irgendeinen Einfluss zu nehmen und etwas daran zu ändern
Starre ich auf den Teller meines Mittagessens ohne Hunger

Mein Kopf auf seltsame Weise vom Rest des Körpers getrennt
Bin ich ganz bei mir In mir Und doch so weit weg

Sodass ich kaum reagiere oder nur mit dem Kopf schüttele
Wenn eine der TherapeutInnen mich anspricht Ob ich etwas

Dazu zu sagen oder beizutragen hätte *Habe ich nicht*
Bemerken sie Dass ich eingesperrt und in mir selbst gefangen bin

Von alleine nicht mehr herauskann Für Ärzte ist dies das Alarmsignal
Auf das sie gewartet und gelernt haben zu reagieren

Weil Unerwartetes geschehen könnte in mir Den Zusammenbruch oder
Noch Schlimmeres bedeuten kann Was sie unter allen Umständen nicht

Unbeobachtet lassen wollen In den späteren Wochen erlebe ich das
Auch bei den anderen Wie akribisch sie die Beobachtungen austauschten

Nur noch Sosein

Lange zweieinhalb Wochen habe ich mich daran gerieben und dagegen
Gewehrt Über diese Vierte Woche zu schreiben in der Klinik

Aus meiner Unverdeckten Zeit in der schönsten Grenzstadt des Nordens
Mich zurückzuschreiben in das dunkle Nichts des Gefängnisbrunnens

Tut verdammt weh Erscheint mir jetzt nur noch wie ein grotesker
Albtraum Obwohl ich genau weiß Dass er von jetzt an dazugehört zu mir

Zu einem unabänderlichen Teil meines Lebens wurde Und zum Glück
Hinter mir liegt Trotzdem steige ich nochmal hinab in diese Zeitlosigkeit

Als ich dasaß mit meiner brennenden Kerze in der Hand und auf die sich
Drehende Münze vor mir starrte Ohne zu wünschen auf welche

Seite sie fallen wird In der sogenannten Interaktionellen Gruppe
Die immer montags und freitags stattfand Erzählte ich diesen Traum

Mitten aus der Akutkrise meiner Depression heraus Als mein Schwarzer
Hund groß und heimtückisch war Erinnere ich mich ganz genau

Wie still es auf einmal wurde im Gruppenraum Keiner der Mitpatienten
Sagte mehr ein Wort Als ich wie aus dem Nichts anfing und nicht mehr

Aufhören konnte zu weinen Irgendjemand legte mir irgendwann wortlos
Die für solche Fälle auf einem Tischchen am Eingang stehende bunte

Pappschachtel mit den Papiertaschentüchern in den Schoß Aus der ich
Mich großzügig bediente Um der Tränenflut annähernd Herr zu werden

Ich kenne meine Worte noch sehr genau Die in dieser Extremsituation
Vor allen anderen aus mir herausbrachen Ohne Gefühl Ohne Scham

Ich kann nicht anders Ich kann einfach nur noch So sein
So wie noch nie vorher in meinem Leben und danach auch nicht mehr

Gescannt

Am Freitag in der vierten Woche hatte meine Ärztin Fr. Dr. H.
Nach der Abschlussrunde Die Oberärztin zur Unterstützung geholt

Zur Sicherheit Von der Station oben im dritten Stock
Bevor die Patienten ins Wochenende verabschiedet wurden

Sie wollte sicher gehen Dass mir nichts passieren würde am
Wochenende Es gab für uns Patienten eine Nottelefonnummer

Routiniert stellte sie ihre Fragen Wägte mit meinen Antworten ab
Ob ich sicher auch am Montag in der Klink wiederauftauchen würde

Es war nicht unüblich Wie ich später aus Erzählung anderer erfuhr
Dass Akutpatienten Die möglicherweise suizidgefährdet sein konnten

Das Wochenende auf Station bleiben mussten Unter Beobachtung
Mich noch genau daran erinnernd Wie scharf mich die Augen

Der Oberärztin bei ihrer Befragung beobachteten wie ein Scanner
Versicherte ich ihr Dass ich mir nichts antun würde

Ich werfe mich nicht vor den Zug Falls Sie das meinen Sags ihr nochmal
Winselte meine Schwarzer Hund Der bei mir bleiben wollte

Ich wusste aus Erfahrung Dass es regelmäßig mehrere Male im Jahr zu
Derartigen Zugkomplikationen kam Hier in meiner Region

Die Oberärztin beugte sich immer wieder Mal näher vor zu mir
Weil sie offensichtlich dem Braten nicht traute

Schnüffelte sie wie ein gehorsamer Jagdhund weiter an irgendwelchen
Äußerlichen Anzeichen und in meinen Gedanken herum

Was außerdem noch gesprochen wurde Daran kann ich mich in der
Rückschau nicht mehr erinnern

Nur dass unser Gespräch fast eine Stunde gedauert haben mochte
Alle anderen schon längst gegangen waren

Ich deshalb zwei Züge verpasst hatte Was mich nicht weiter störte
Da ich wie von mir beabsichtigt Seltsam ruhig dasaß im Ärztezimmer

Was den beiden Ärztinnen natürlich wiederum verdächtig vorkam
Mein Musterbeispiel an sinnentleerter Gleichgültigkeit auf dem Stuhl

Ihnen gegenüber Könnte auch ein Alarmsignal für einen bevorstehenden
Suizid sein Ich wollte einfach nur nach Hause und meine Ruhe haben

Was mir noch eindrücklich ist Dass ich in Straßenbahn Bahnhof und Zug
Alles und jeden ausgeblendet habe Als sei nichts und niemand real

Aufgelegt

Hatte ich erst Nachdem die Stimme am Telefon die Worte sprach die
Ich hören wollte *Wir lieben dich Wir lieben dich so wie du bist*

Das war die erste steinerne Stufe der Wendeltreppe Die ich geschafft
Hatte und ein Versprechen auf die Nächsten

Ohne darauf zu warten oder zu hoffen Auf welche Seite die Münze fiel
War ich Ohne zu wissen warum Einfach aufgestanden im tiefen

Brunnen Tat ich diesen ersten Schritt im diffusen Dunkel meiner
Erkenntnis Dass ich den langen Aufstieg niemals allein schaffen konnte

Am Samstagmorgen
Nach dem Zusammenbruch in den Tagen der vierten Woche

Die erste wirkliche Aktion in irgendeine Richtung
Nach Tagen völliger Erstarrung im Nichts meiner Gefühlslosigkeit

Rief ich meinen ältesten treuesten Freund an Mit dem Ziel
Loyalität zu erhalten Der aber wie so oft wieder einmal unterwegs war

Stattdessen seiner Frau einer Psychiaterin erzählte Warum ich anrief
Froh darüber Dass sie abgenommen hatte und nicht er

Weil sie durch ihre Arbeit in der Psychiatrischen Hemisphäre
Schneller erkannte In welchem Zustand ich mich befand

Dankbar Mir eine gewisse Peinlichkeit und Erklärungsnot
Meinem Freund gegenüber ersparen zu können

Mit ihrer konzentriert zuhörenden Stimme Die sich hörbar Zeit nahm
Alles stehen und liegen lassend Hörte sie mir zu

Wie ich mit diesem Anruf Die erste Stufe auf der Wendeltreppe erklomm
Sprach abschließend ihr Versprechen Das sich für immer einbrannte

Untergetaucht

Unter 35.000 anderen Gleichgesinnten War ich mit der tief ins Gesicht
Gezogenen Kappe Meiner dunklen Sonnenbrille und dem Fanschal

Bei den Heimspielen im Stadion meines Fußballvereins
Bestmöglich getarnt und so gut wie unsichtbar Einer unter Vielen

Das war für mich der einzige Ausweg nach draußen in die Außenwelt
Eine Ablenkung die mir guttat

Mit meinen beiden Freunden B. und E. aus der Nachbarstraße
Denen ich mich ebenfalls anvertraut hatte

Die zu meinen Wegbegleitern in diesen unsicheren Zeiten und niemals
Müde oder meiner überdrüssig wurden Meiner Verzweiflung und

Meinen Geschichten an vielen Abenden mit einigen Gläsern Rotwein
Zuzuhören und mich wieder aufzupäppeln

Meine Freundschaft zu E. hatte in der Schule ihren Anfang genommen
Als sie noch im Klassenzimmer mir gegenüber arbeitete

Wir uns blind verstanden Wenn wieder einmal Chaos und Stress
Bei unserer Arbeit überhandnahmen

Inzwischen war auch sie wie ihr Mann seit einigen Jahren in Rente
Blieb unsere Verbindung über diese Zeit bestehen

Vertiefte sich noch mehr durch und während meiner Krise
In gegenseitiger Wertschätzung

Unsere Begeisterung in dem gemeinsamen Hobby
Für unseren Fußballverein verschweißte uns noch mehr

Genoss ich zutiefst Für diese wenigen Stunden Meine Ängste und
Bedrohungen weit weg von mir verbannt zu wissen

Das Kinderfoto

War in meinem alten vergilbten Fotoalbum mit den Babybildern
Das ich nur allzu gut kannte

Das mir mein Vater Tage später zugesandt hatte
Mit der Absicht per Post Hoffnung zu schicken Auf ein Leben danach

Damit er nicht noch einen Sohn an den Tod verlor
Was er in seinem späten Lebensabend niemals mehr verkraften würde

Mein Mut hatte mich belohnt Nach der schweren Entscheidung
Auch meinem alten Vater vom Brunnen zu erzählen

Auf dem Foto saß ich als Vierjähriger Mit einer Kerzenlänge Zeit im Kopf
Was ihn dazu veranlasste Mir dieses alte Kindefoto zu schicken

Ein Schnappschuss damals Heute wohl eine Vorahnung der Ereignisse
Zeigt es mich in Nahaufnahme seiner alten Voigtkamera

Als kleiner Junge Versunken Mit dem Kopf auf seinen verschränkten
Armen am Tisch sitzend In die helle Flamme einer Kerze blickend

Das nur mein Gesicht erleuchtete Um sich herum Dunkelheit Und mit
konzentriertem Blick Muss ich wohl lange so dagesessen haben

Diese Flamme beobachtend Die mich als kleines Kind so außerordentlich
Fasziniert hatte Weshalb mein Vater dieses Foto machte

Mit ruhiger Stimme Die ich so von ihm sonst nicht kannte Zuhörend
Statt sprechend Erkannte er sofort den Ernst der Lage und meine Not

In diesem Anruf Dass es sowas wie meine letzte Chance war
Mit Ehrlichkeit Ohne Zaudern Sich der Wahrheit und seinem Urteil

Zu stellen Erst einige Wochen später In der Therapie
Konnte ich selbst einschätzen Welcher Kraftakt mir da gelungen war

Monster am Tisch

Zum ersten Mal tue ich es hier In der Dachwohnung die mir
Später einmal auch gefallen würde

Stehe ich wieder auf aus meinem Bett Um ein Uhr in der Nacht
Klappe entschlossen den Laptop auf und beginne mit dem Tippen

Weil mir noch so Vieles einfällt über das ich schreiben muss Aus Angst
Bevor mich mein altes Zuhause und die Zeit einholen

Erzähle in der Therapie von einer jungen amerikanischen Sängerin mit
Vornamen Billie Deren Zitat ich einmal morgens in der Zeitung fand

Das ich dann ein paar Tage später zu Prof. L. bei der Visite sagte
Berichte ihm Dass der Satz dieser bemerkenswerten jungen Frau

Von der ich aus einer späteren Doku im TV erfahren habe Dass sie wie
Ich an der gleichen Krankheit leidet und sich auch in Therapie befindet

Genau die Situation exakt wiederspiegelt In der ich mich gerade befinde
Der beeindruckte Prof. L. wollte wissen wann es erschienen sei

Diese Woche bestätigte ich ihm Wiederhole ihm zuliebe noch einmal
Die Monster die bisher unterm Bett lauerten Sitzen nun mit am Tisch

Ich sei jetzt langsam in der Lage den Monstern ins Gesicht zu schauen
Damit ich ihnen den Namen geben kann den sie verdienen Erkläre ich

Das sei für mich enorm wichtig Um voranzukommen in meiner Therapie
So könne ich meine Ängste zerlegen Mit einem Etikett um den Hals

Sie so besser verstehen Warum sie mir solche Angst einjagen wollen
Indem ich ergründe welche Emotionen sie auslösen in mir

Heute bin ich froh Helfer zu haben Die mit mir zusammen die
Monster in Schach halten Damit sie nicht wieder unters Bett kriechen

Der Stellvertreter

Kam zur rechten Zeit
Als die gütliche Einigung hoffnungslos gescheitert war

Unerwartet und schnell
Wie der Notarzt den jemand gerufen hatte

In der Gestalt meines älteren Bruders
Nachdem er von unserem Vater von meinem Aufenthaltsort erfuhr

Und dem tiefen Brunnen
Aus dem ich keinen Ausweg und Antrieb fand

Ich möchte nicht dass du vor die Hunde gehst war das Signal gewesen
Für seinen Auftrag Mein Stellvertreter zu werden

Bedingungslos Mit brüderlicher Verantwortung und Liebe
Nahm er meinen Platz ein im bürokratischen Streit der Anwälte

Ausgestattet mit meiner Vollmacht
Und den Fähigkeiten eines akribischen Buchhalters

Mit Kompetenz und Hartnäckigkeit Zahlen und Fakten jonglierend
Übernahm er von nun an alle anwaltliche Korrespondenz

In meinem Scheidungsprozess Übersicht und Finanzen im Auge zu
Behalten Die mir über den Kopf gewachsen waren

Nachdem alle Versuche der Entschädigung meiner Frau
Im Nirvanatreibsand versunken waren

Mit Geduld durchleuchteten wir gemeinsam mein ganzes finanzielles
Leben Für eine Bestandsaufnahme zur Neuverhandlung

Dankbar nahm ich seine Hilfe und sein Versprechen an
Mich jetzt nur noch um meine Therapie zu kümmern

Aufgestiegen

„ Solange du nicht zu steigen aufhörst, hören die Stufen nicht auf,
unter deinen steigenden Füßen wachsen sie aufwärts „

Bin ich die ersten steinernen Stufen der Wendeltreppe nach oben
Erreiche ich ein Plateau Nehme ich mir das Nächste vor

Ungeheure Kraftanstrengung benötigend
Nicht den Mut zu verlieren Mich dem Danach Undsofort zu stellen

Das im Tageslicht wieder auf mich wartet mit
All seinen absurden und ernsthaften Notwendigkeiten des Lebens

In der Klinik habe ich den Monstern Namen gegeben
Die mich oben schon sehnsüchtig erwarten

Wie ich lerne mit ihnen umzugehen
Ist meine Arbeit in der Therapie Die noch lange nicht beendet ist

Spüre ich dennoch immer mehr Dass es sich gelohnt haben muss
Den Aufstieg nach Oben beginnend gewagt zu haben

Drinnen

Um ins Drinnen zu kommen Musste ich nach Draußen
Das eigene Haus verlassen

Drinnen klangen die Geschichten der anderen vom Draußen immer
Fremdartig und bedrohlich So wie meine

In unserer Gruppentherapie Der Interaktiven Gruppe Die aus den wenig
Glorreichen Sieben bestand

In der anderen Gruppentherapie waren die Ess- und Angstgestörten
Mit anderen Problemen beschäftigt

Nicht selten rannen bei einem von uns die Tränen
Die berüchtigte Pappschachtel mit Taschentüchern wurde rege genutzt

Wenn jemand von uns Der zufälligerweise heute dran war
Oder an diesem Tag nicht anders konnte

Weil etwas getriggert wurde Der berühmte wunde Punkt
So unbarmherzig getroffen wurde Dass es kein Entrinnen mehr gab

Interaktiv hieß unsere Gruppen Weil das Team sich erhoffte
Dass wir aufeinander eingehen und jeden als einen von uns sahen

Was wir auch taten Auch wenn manche die Klinik verließen
Und Neulinge ankamen und nach und nach integriert wurden

Wir tauschten uns aus Während und auch nach den Sitzungen
Je länger und besser wir uns kannten

Und wir lernten uns sehr genau kennen Was auch kein Wunder ist
Da wir uns jeden Tag aufs Neue mit unseren Innenwelten konfrontierten

Uns alle einte das Ziel Für einen Neustart im Draußen Voneinander zu
Lernen Mut und Resilienz für unseren Alltag wiederzuerlangen

Draußen

War man Wenn man nach der Tagesklinik wieder nach Hause kam
Ins häuslich familiäre Drinnen des eigenen Lebens

Im Draußen war jeder von uns nur mit dem Drinnen beschäftigt
Weil das unsere tägliche Klinikarbeit war

Erkenntnisse oder Strategien vom Drinnen ins Draußen mitnehmen
Damit wir im eigenen Umfeld besser mit uns klarkamen

Einige der anderen PatientInnen hatten PartnerIn oder sogar
Kinder im Draußen ihres Alltags

Da war ich mal so richtig froh Dass mein Alter mir den Vorteil
Verschaffte Von dieser Verpflichtung nicht mehr betroffen zu sein

Der Nachteil war Dass mein Hund und ich uns zu schnell einig waren
Nach dem Heimkommen erstmal auf dem Sofa abzuhängen

Mein Draußen war eher ein Alleindrinnen im Haus und
Weniger unberechenbar und einschüchternd Als das der anderen

Wir verließen täglich unser Draußen Als würden wir zur Arbeit gehen
Was es für uns auch war für die Zeit unseres Klinikaufenthaltes

Um wieder im geschützten Drinnen von neuem zu beginnen
An der richtigen Balance zwischen Drinnen und Draußen zu arbeiten

Biberbande

Wer glaubt PatientInnen in einer psychiatrischen Tagesklinik
Wären verrückt im wahrsten Sinne des Wortes und immer todernst

Der täuscht sich von weitem und in allem
Viele von uns lernten schnell Besonders die schon länger da waren

Die Gelegenheit zu nutzen Herzhaft und oft zu lachen
Als Gegenwicht zu den vielen Tränen die es fast jeden Tag gab

Die Kunst dabei war Mit der Leichtigkeit des Humors unsere Schwere
Die auf uns allen lastete zu teilen und erträglicher zu machen

Irgendwann hatten die anderen mich aufgefordert mitzuspielen
Bei Biberbande Einem lustigen Kartenspiel Bei dem viel geflunkert

Getäuscht geflucht betrogen und gelacht wurde
Wer mitspielte konnte sich dem Charme des Spiels nicht mehr entziehen

So wurde Biberbande zu unserem Therapiespiel in der Klinik
Zu dem wir uns häufig zu viert oder gar zu sechst trafen

Zwischen unseren einzelnen Terminen und Therapien
In das wir all das Angestaute reinlegten und rauslachten

Ausgelaufen

Vom großen Abflussrohr und runtergelaufen war buchstäblich
Die ganze Sch…. an der Wand meines Kellers

Und hatte eine farblich undefinierbare aber umso mehr mit der Nase
Wahrnehmbare Pfütze auf dem Boden gebildet

Als ich wie üblich An jedem Samstag zu Hause
Die Wäsche zum Waschen hinunter in den Keller brachte

Als hätte ich nicht schon genug Sch…. am Hals
Fluchte ich lautstark Hades aus der Unterwelt in die Oberwelt

Was zum Teufel ist hier passiert
Im Bogenknick des schwarzen Abflussrohres nach draußen war ein Loch

Aus dem das herausgeflossen war Was ein Haus an Abwasser zu bieten
Hatte und jetzt in einer dreckigen Lache auf dem Boden schwamm

Mir fiel der aufgerissene Pflastersteinhof draußen vor der Tür ein
Wohinein eine Firma die Glasfaserkabel zu den Häusern gelegt hatte

Von außen hatten sie mit einem automatischen Schussbohrer einen
Kanal für das Kabel durchs Erdreich bis an meine Hauswand geschossen

Dabei offensichtlich falsch gezielt und zu weit übers Ziel hinaus
Viele Telefonate waren nötig gewesen Um den Verursacher sowie

Die ortsansässige Sanitärfirma Die ich gut kannte Für eine
Reparatur zu veranlassen Die Sache wurde mal so richtig kompliziert

Und beschäftigte mein schon hinreichend belastetes Innenleben
Noch zusätzlich für mehrere Monate Das defekte Abflussrohr außen

Wurde vom Verursacher ersetzt Das kaputte Innerrohr von der Sanitäts-
firma Mein Haus war inkontinent geworden Für längere Zeit

Kill J.ill

Rache ist eine Speise Die man am besten kalt serviert
Chapter 3 Kommando Tödliche Viper Codename Fake Snake

Das Hattori Hanzo- Schwert durchtrennt mühelos Gliedmaßen Frei von
jedem menschlichen Gefühl und ohne Mitleid muss es geführt werden

Nur so schneidet es Hieb um Hieb zuverlässig Wofür es geschmiedet
Wurde Nach altem Ritual Im stillen Einverständnis mit seinem Schöpfer

Vorbei das Allesnurhinnehmen in der langen Starre des stummen Komas
Nun ist die Zeit gekommen In der meine Worte tödlich schwirren

In kunstvoll gehärtetem Stahl Mit jedem geschmeidig geführten Hieb
Des kämpfenden Geistes eines vom Leben Gezeichneten

Trennt mein Schwert Schicht um Schicht
Das modrigfaule Fleisch aus Lüge Selbstbetrug und Verrat

Aus meiner unheilvollen Vergangenheit
Des alten Lebens heraus

Bitte nicht

Sagte die Musiktherapeutin in einer unseren Therapiestunden
Zu mir Als ich unsere nächste gemeinsame Improvisation

Auf dem Klavier bestreiten wollte Mein Gesichtsausdruck musste ein
Einziges Fragezeichen gewesen sein Denn es blieb für einen Moment

Regelrecht stehen Mit dem stummen Schrei *Warum denn nicht*
Und irgendwie eingeschüchtert oder unschuldig ertappt Suchte ich mir

Ein anderes Instrument aus dem Regal heraus Das weniger verdächtig
War Überlegte fieberhaft Warum ich nicht mehr auf meinem

Geliebten Klavier spielen durfte Um meinen Gefühlen freien Lauf zu
Lassen Denn darum ging es doch in den Therapiestunden

Ihre fast schon verzweifelt und flehentlich geäußerte Bitte an mich
War Tage später noch Anlass für ein Einzelgespräch mit ihr

In dem sie mir nachträglich unbedingt erklären wollte Warum sie so
reagiert habe Mir sei ihre Bitte allerdings unverständlich gewesen

Weil das Klavier für mich nun mal das Instrument sei Auf dem ich mich
Am besten spontan und alles ausdrücken konnte Was mich im Moment

Beschäftige *Das sei genau das Problem* Ich würde beim Spielen zu sehr
Darin versinken und nicht wieder aus mir herauskommen meinte sie

Weil ich Musiker sei und dann oft zu leicht meinem musikalischen
Anspruch und Begabung folgend abgelenkt wäre vom eigenen Selbst

Wenn sie aber gewusst hätte Dass ich die Nachricht erhalten habe
Auf Tumorsuche geschickt zu werden Hätte sie es mir nicht verweigert

Was sie in dieser besagten Therapiestunde noch nicht gewusst habe
Immer noch mit einem inneren Kopfschütteln beende ich das Gespräch

Durchgecheckt

Nach allen Regeln der Medizin würde ich ab nächster Woche
Nachdem mir meine Ärztin während einer Visite eröffnet hatte

Dass das Team entschieden habe Der Ursache für meine Thrombose
Im rechten Bein mit einer sogenannten Tumorsuche auf den Grund

Zu gehen Was das bedeutete Hatte ich zu diesem Zeitpunkt noch nicht
Erahnen können und hörte mir deshalb geduldig ihren Plan an

Einen Tag später Als sie mich wieder zum Gespräch vorlud um mir die
Einzelheiten zu erklären Begriff ich was in den nächsten Wochen

Auf mich zukommen sollte Stationäre Aufnahme im Krankenhaus
Mit Magen- und Darmspiegelung Blutuntersuchungen Um den Verdacht

Einer vermuteten Blutgerinnungsstörung *Faktor 5 Leiden* abzuklären
All das neben meinen Therapieeinheiten in der Tagesklinik

Weitere zusätzliche Untersuchungen in der Hautklinik in der Neurologie
In der Gefäßchirurgie in der Urologie Ein Unglück rennt dem anderen

Hinterher Und mir schwante Dass ich bald noch eine anstrengendere
Odyssee im Draußen durch meinen Körper antreten würde

Diagnostischer Kauderwelsch

Tibialis rechts Regelrechte distal- motorische Latenz
Ampiltude und temperaturkorrigierte Nervenleitgeschwindigkeit

Chronodispersion bei poplitealer Stimulation
Regelrechte F- Wellen- Latenz und -Persistenz

Lumbales Antwortpotential beidseits nicht reproduzierbar
Kortikal mäßig reproduzierbar mit verlängerten Latenzen

Elektroneurographisch leichte demyelinisierende Polyneuropathie
Schäden der femoralen Trochlea retropatellar medialseitig

Gastro- und Koloskopie erosive Pangastritis mit Erosionen
Bulbitis und Duodenitis Helicobacter Diagnostik negativ

Thrombophiliediagnostik zeigte eine Faktor- V- Leiden- Mutation
(G1691A) in heterozygoter Form

Nach OPD-3 diagnostisch ein Selbstwertkonflikt als Aktualkonflikt
Im hauptsächlich passiven Modus

Mäßig integriertes Strukturniveau mit Defiziten in den Bereichen
Objektwahrnehmung und Selbstwertregulierung

Aha

Zusammenfassend konnte L. von dem Aufenthalt profitieren und die
Erlebte Kränkung und den sozialen Rückzug anteilig aufarbeiten

Das werden wir noch sehen

Die coolste Socke auf dem Planeten

Nils S. kam etwa zu meiner Therapiehalbzeit in unseren Klinikalltag
Gerauscht Mit seinem vollelektrischen Hightech- Rollstuhl mit

Rückwärtsgang Teilweise gelähmt bis auf den Oberkörper und einer
Titaneisenstange im Rückgrat Hatte er Wie er mir mal in einem

Gespräch erzählte Das einzige Körperorgan von Jugend an trainiert Das
Vollständig noch unter seiner Kontrolle war Seinen Kopf

Auf diese Weise war Nils sofort für mich und alle anderen sehr präsent
Mit seinem Denken und Fühlen Seiner Sprache und seinem Verstand

Brillant und rebellisch provokant im Denken Gleichzeitig so empathisch
Und achtsam im Sprechen mit uns Mitpatientinnen Immer bereit

Sein Wissen und seine Erfahrung jederzeit mit uns zu teilen
Passenderweise war Nils ein Sozialarbeiter auf vier Rädern

Der uns mit seinem beißenden Humor lustvoll auf die Lachnerven ging
Immer wieder gerne beim Biberbandenbattle mitmachte

Raucher So wie ich Weil alle Sozialarbeiter rauchten wie er sagte
Und ein Musiker mit absolutem Gehör Sodass er mich einmal

Nach einer Musiktherapiestunde fragte Wie ich denn eigentlich
Auf dem Klavier so feinfühlig improvisieren gelernt habe

Uns sofort verband und auch animierte Unsere Musik die wir hörten
Auszutauschen Uns gegenseitig zu bereichern Er liebte Jazzbassisten

Schickte mir einen Link mit einem genialen israelischen Triobassisten
Von dem ich mir sofort zu Hause drei CDs bestellte

Noch nie vorher hatte ich einen so mobilen Rollifahrer kennengelernt
Für den es weder intellektuell noch sonstwie irgendwelche Grenzen gab

Berührung

Ich berühre Sagt eines Tages die junge Mitpatientin B. zu mir
In einer Therapiepause Mit Worten die treffen

Wie eine leise Melodie eine Saite zart zum Schwingen bringt
Trägt sie mich und mein Gegenüber hinüber über eine Schwelle

Kündigt ihn an Den eruptiven Höhepunkt der geistigen Botenstoffe
Explodierend bricht er sich Bahn durch meine vertrockneten Synapsen

Die Offenheit und Tiefe unserer Worte und Gedanken krallt sich fest
In meinen Kopf Als Wiedererlebenwollen in unerklärlichem Begehren

Kraftvolle Explosion in das Leben Eine intime Berührung in Worten
Sie bleibt Im Kopf Für wie lange wird ihre Seele sie hören wollen

Unbegreifbare Berührung gleichschwingender Seelen im Geist
Wie sich herausstellte Letzten Endes doch nur für mich selbst

Mit und Ohne

B. hat mich eingeladen Zu sich nach Hause.
In ihre Gedankenwelt

Dort sitze ich nun Als Gast.
Still und voller Neugier

Mit oder ohne fragt sie mich.
Hm antworte ich Drehe mich zu ihr um

Irgendwie passend schießt es in meinen Kopf Gebe diesem Gedanken
Raum als ich sie mustere und lasse mich ein

Wie jung sie noch ist und doch so reif
Unbändige geistige Lebendigkeit versprühend und auch so ernst

*Wie kann eine so aufgeweckte Frau geknebelt von einer schweren Last
In der Psychiatrie landen*

Das Grübchen auf ihrer rechten Wange wenn sie lächelt
Ist so ansteckend Dass ich mich wundere

Über mein Lächeln darob
Doch hinter den warmen und wachen Augen sehe ich sie aufflackern

Die Angst und ihre Verletzlichkeit Gleichwohl ihre Stimme bei einer
Singimprovisation in der Musiktherapie so hell leuchtete Die anderen

Mühelos überstrahlend Weich und doch klar Silbrig glänzend wie der
Helle Strahl des Vollmondlichts hinter einer dunklen Nachtwolke

Mit oder ohne
Ich schrecke auf und blicke überrascht *Wie bitte*

Was liest du da eigentlich frage ich beiläufig
Gedichte sagt sie Plötzlich hellwach verstricken wir uns rasch

In einen intensiven Gedankenaustausch was Sprache kann
Und im Besonderen Gedichte

Spüre instinktiv dass dies ein wichtiger Moment für mich ist
Etwas Bedeutsames geschieht

Dann ist es einfach passiert Komme gegen den Sog nicht an Will es
auch Gar nicht Er spült mich weg in eine neuartige faszinierende Welt

Schreibe noch am gleichen Tag zwei Gedichte auf meiner 25-minütigen
Heimfahrt im Zug Aufgebracht und fingerzitternd in mein Handy

Seitdem schreibe ich täglich Nach der Klinik Nachts Wann immer die
Worte herausfallen Und es sind viele Sehr viele Bis heute

Schließlich traue ich mich einfach Überrasche B. an jedem Tag
Mit einem Gedicht für sie Als meiner ersten Leserin

Zeige mich ihr dabei ohne Scheu in der Verletzlichkeit
Meiner Worte und Gedanken Sie reagiert jedes Mal

Wer geht schon freiwillig mit einem rauchenden alten Mann drei
Stockwerke nach unten um ein Gedicht zu lesen

In berauschender Geschwindigkeit kommen wir uns dabei nahe
No chance for smalltalk

Entwaffnende Aufrichtigkeit springt mir aus jedem ihrer Reaktionen
Ungebremst ins Ohr und gewinnt schnell an Tiefe *Voll der Flash*

Spüre eine starke Verbindung zum ersten Mal Sonderbare
Gleichschwingung Unüberhörbar Es lässt mich alles andere als kalt

Die mahnende Bewachung des alten Narren Meines alter egos
Ignorierend Der die Geschichte immer von seinem Ende her denkt

Lasse ich mich einfach treiben Und immer tiefer auf sie ein
Spüre den starken Drang Mit ihr geistige Grenzen zu überwinden

Ihre Wildheit im Kopf Die abenteuerliche Lust Unsagbares auf
Papier zu bringen wenn sie schreibt Fordert mich geradezu heraus

So hat es begonnen Fortan schlingert mein Kopf und gerät ins
Straucheln Gedanken und Worte beschleunigen sich mit jedem Gedicht

Süchtig geworden nach der Wucht und Macht von Worten
Tauche ich begierig ein In diese wilden Strudel

Produziere in atemberaubendem Tempo Gedichte aus all meinen
Gedankenwelten die mich aufs Äußerste provozieren

Genieße den Rausch der fließenden Worte Alles was ich nicht mehr
Denken Nicht mehr fühlen und aussprechen konnte und wollte

Was sich über all die Jahre verknotet hat zu
Schweren Klumpen in Herz und Seele

Beginnt sich mit einem Mal zu lösen Werde mitgerissen und fühle eine
Stärke in mir lebendig werden Die meine Starre vergessen macht

Erschrickt sie darüber was sie ausgelöst hat
Erahnt sie die Eruptionen meiner Seele

Nicht wichtig Dafür ist sie nicht verantwortlich Ursächlich schon
Wie konnte das geschehen *Was für ein Mensch sie doch ist*

Jung und Alt Scham überkommt mich *So eine Gefährtin habe ich*
Immer gewünscht Wir denken jetzt blindlings und sprechen gleich

Gerne mit einem Schuss Milch und ohne Zucker sage ich Lausche
Konzentriert all den Dingen von denen sie mir erzählt in ihrer Freizeit

Arbeit im Theater Lesungen ihrer Texte Bedienen in der Kneipe
Ich bin beeindruckt von ihrem Aktivitätsdrang *Run Run Run* denke ich

Es juckt in meinem Kopf Ein Verdacht formt Sätze in meinen Mund
Die ich nicht sagen will *Nicht jetzt*

Vorsichtig flüstere ich meinen Verdacht um sie nicht zu erschrecken
Oder zu verletzen Ich tue es dennoch

Ihre Reaktion überrascht mich schon wieder Laut lachend
Schreit sie mir ihre Bestätigung entgegen Kippt fast vom Stuhl

Für einen kurzen Moment bin ich verblüfft und stolz
Bei ihr den Nagel auf den Kopf getroffen zu haben *Run Run Run*

Doch breiten sich schnell auch Betroffenheit Traurigkeit und eine Ahnung
Von ihren inneren Dämonenkämpfen in mir aus

Damit kenne ich mich aus Die Monster die vorher unter meinem Bett
Lauerten Sitzen jetzt am Tisch Bin ihr mit meiner Therapie weit voraus

Eine Erkenntnis Der ich aus der Rückschau heraus zu wenig Beachtung
Schenkte und die mir später zum Verhängnis wurde

Die ungeheure Schlagzahl von Aktivismus und Produktivität trägt sie von
Außen betrachtet wie eine bunt schillernde Maske vor sich her

Um die Angstattacken in Schach zu halten *RUN* Um jeden Preis in
Bewegung bleiben Niemals stehen bleiben Nicht allein sein

Schneller sein als die Angst vor dem Nichts Das hinter jeder Ecke auf sie
Wartet Ein tiefes Loch in das sie eingefangen und umschlossen wird

Wie oft dies schon geschehen ist Hilflos gefangen in der Enge des
Eigenen Ichs Wie in einer Musiktherapiestunde in einer der nächsten

Wochen Als sie von anderen und mir unbemerkt im Stuhlkreis mit den
Instrumenten still und leise in sich hinein- und auseinandergefallen ist

Wie anstrengend und erschöpfend das sein muss
Wenn einem die Angst plötzlich das Leben aus dem Körper saugt

Hinter der Fassade von B.'s Stärke spüre ich sie zum ersten Mal deutlich
Ihre zerbrechliche und verletzte Seele Jeden verdammten Tag

In die hässliche Fratze der Angst zu blicken in der Therapie
Ich erahne was noch auf sie zukommen wird Ich habe es erlebt

Doch da ist noch so viel Anderes bei ihr und dahinter verborgen
Schreie nach unerfüllten Bedürfnissen Wut Enttäuschung Selbstzweifel

Eine bodenlose Furcht vor der Angst wie im *Schrei* von Edward Munch
Das zu ihr passt Sage es ihr aber nicht Nur stumm zu mir

Begreife ich nun Warum sie Gedichte schreibt und wie sie schreibt
Das macht uns gleich Schon wieder Aller Unterschiede zum Trotz

Spüre dieser Erkenntnis nach und bin dankbar dass sie mir den Blick
Hinter Ihre Maske gewährt hat Langes Schweigen zum ersten Mal

Mit oder ohne fragt sie mich wieder *Mit und Ohne* schreit mein Kopf
Beides und nichts anderes

Ohne Schwäche ist Stärke bedeutungslos Kein Glück ohne Unglück
Weil Licht ohne Schatten nicht existieren kann

Mit und ohne Maske Stark und zerbrechlich Grell leuchtend und tiefe
Dunkelheit Sie ist beides und in beidem irgendwie grenzenlos

Synchrone Schwingung Fühle durch sie eine Wärme in mir aufsteigen
Im Bauch Spüre diese besondere Verbindung zwischen uns

Blindes Verständnis Gleiche Worte die aus der Seele sprechen
Vertrauen durch Offenheit ohne Grenzen

Sie ist plötzlich wertvoll für mich geworden
Ich kann B. hören wenn ich allein zu Hause sitze und schreibe

Der Musiker in mir sagt *Gleichklang* Der alte Grübler sagt *Einbildung*
Aber sie hat mich aus meinem geistigen Koma geholt

Die Leidenschaft des Schreibens in mir geweckt
Von der ich niemals geahnt hätte dass sie existiert

Meine starre Seele wieder in Schwingung versetzt
Als ich ihr mein neues Gedicht *Berührung* zeige

Sie bleibt stehen und dreht sich überrascht zu mir um Nicht nur ihr
Mund aus dem nur ein einziger Laut kommt Nein

Ihre weit aufgerissenen Augen als ich den gleichen Gedanken
Zuerst äußere schreien mir entgegen Jaaahh

Irgendwie ein kurios intimer Moment Meine Seele schlägt Saltos
Vergesse unseren Altersunterschied in diesem Moment

Wärme im Bauch *Wie ist das möglich*
Vorsicht du alter Narr Wohin soll und wird das führen

In meinen Gedichten konnte auch ich endlich wieder Beides sein
Wie ich es sein muss um zu überleben Stark und verletzlich

Es beweist mir was ich in der Therapie erreicht habe Was noch auf mich
Wartet Knoten lösen sich auf wundersame Weise Schreiben als Therapie

In der Seelenerde tiefverborgene Wurzeln wie ein Avatar wieder fühlen
Saftgefüllt und kraftvoll Ein vergessenes Lebendig am Leben sein

Erwachen des Geistes Staunen Bewegen Wachsen Begehren
All das fühle ich nun so echt wie es nur geht Im Sprechen und Schreiben

Sage es stumm nur für mich
Begreifendes Erkennen

Ich mag die Unerhörtheit ihres unzähmbaren Freigeistes
Kritisch und quer gegen den Strich das Unerklärbare denkend

Ihren messerscharfen Verstand komplizierteste Dinge
Auszudrücken und zu beschreiben

Fühle mich zugleich angezogen von ihrer fein empfindenden Seele
Froh sie gefunden und mit Worten berührt zu haben

Ich erlaube mir diesen Moment eines völlig absurden Glücks
Solange ich diese Zeilen schreibe und bin auf eine sonderbare und

Unerklärliche Weise verliebt Aufrichtig und ohne eine Spur von Scham
Weil wir sind was wir einander sind In unseren Gesprächen

Gestehe mir ein Wie süchtig ich nach den Gesprächen geworden bin
Ein schmaler Grat Da ist es wieder Das Unfassbare und Unerklärbare

Doch fühlt es sich gut und richtig an Befreiend nach langer Zeit meines
Vertrocknetseins und der Verengung meines Geistes

Der Verbitterung und des Schmerzes nach der verkorksten Ehe
Genieße ich den lebendigen Freiflug unserer Verbindung in vollen Zügen

Lasse meine Maske fallen mit diesem Gedicht
Zeige mich ihr in Worten hüllenlos in meinem geistigem Begehren

Und meiner emotionalen Zerrissenheit darin
Werde diese Person verlassen die mir jetzt am wichtigsten ist

Während unseren gemeinsamen Tagen in der Therapie
Die ich eigentlich festhalten will

Mein Alter Ego weiß natürlich dass diese besondere Erfahrung nur im
Schutzraum des Therapiesettings möglich war

Nach dem Höhenflug im Inneren kommt immer der erwartete Absturz im
Außen Der alte Narr will aber dennoch mehr davon

Die Zeit meines Abschieds aus der Klinik naht
Die letzten Puzzlesteine in der Therapie fallen an die richtige Stelle

Die Kluft zwischen uns wird mir deutlicher bewusst Die Lebensphasen
Falsche Zeit Falscher Ort und kein Raum für ein Weiterexistieren

Heute bin ich dankbar für eine Weile ihr Gast gewesen zu sein
Morgen endet unsere Verbindung wenn ich die Klinik verlasse

Spüre meine aufrichtige Trauer
Loslassen zu müssen Wollen und zu können

Tränen kriechen meinen Hals hinauf
Während ich aus dem Zugfenster heraus dem Verlust hinterherblicke

Kein Miteinander auf Augen- und Seelenhöhe mehr
Habe ich doch so viel gewonnen

Unser kurzes Intermezzo eines Miteinanders war eine Tatsache
Wie die anderen übrigen Tatsachen der Welt auch

Und vergeht doch jenseits der Erinnerung Wie alles Fleisch stirbt
Doch mein ehemals blinder Geist wird nun sehend bleiben

Sie kam mit der Antwort auf meine Frage *Was liest du da* in mein Leben
Ich bat sie hinein mit Herz und Verstand

Ob sie jemals begreifen kann wie sehr sie Geist und Seele füllte
Bis zum Rand und darüber hinaus

Meine neue Geschichte hat nun begonnen Durch das Wunder des
Schreibens Ein Zauber des Zufalls Ein Geschenk des Augenblicks

Mit lachenden Tränen erkenne ich
Sie ist wundervoll und wertvoll

Geworden für mich *Mit und Ohne*
Für einen kurzen Moment in dieser Klinik

Wärme im Kopf
Last memories on my mind

Im Fluss

Schreiben ist Kontakt aufnehmen mit meiner schlafenden Seele
Erweckt sie mal sanft mal grob Mit Worten der Lust und des Schmerzes

Sie fließen heraus und bleiben im Draußen stecken
Wie feiner Kies am seichten Ufer des Flusses liegen bleiben

Sammle ich die Wörter wie andere Leute hübsche Steine oder Muscheln
Stechen sie in Farbe oder Form besonders heraus

Hole ich sie zurück Begutachte ich sie ausführlich und entscheide
Ob ich sie aufnehme in meine Sammlung für eine Weile

Es braucht seine Zeit Bis ich sie dem fließenden Wasser zurückgebe
Damit sie wieder von ihm überflutet werden

Rollen und wiegen solange hin und her in sanfter Bewegung
Bis sie ihren letzten und endgültigen Platz gefunden haben

In der Strömung meiner Seele
Sie kommen zur Ruhe Meine Worte Wie die kleinen hübschen Steine

Haben einen Platz und ihre Bedeutung gefunden
Sind angekommen

Schaue mir selbst vom Ufer aus zu
Ob dieser Ort der Richtige ist Dort wo sie liegen

Gewohnheiten
(Auftragsarbeit von B.)

Du wolltest wissen was ich darüber denke
Ich werde es dir schreiben

Ich möchte aber nicht von Sondern über Gewohnheiten sprechen
Sie zu erzählen wäre nur im ersten Moment amüsant

Gewohnheiten finde ich sind vor allem Eines
Zwiespältig

Völlig egal welche Gewohnheiten man hat
Ihr Kern und ihre Berechtigung

Sich einen Platz in unserem Leben erschlichen zu haben
Ist vor allem Ihre Funktionalität

Damit meine ich nicht nur die eingeschliffenen Verhaltensmuster
Beim Einschlafen Nach dem Aufstehen In der Arbeit und so weiter

Ein Automechaniker würde sie Katalysator und ABS nennen
Starthilfe und automatisches Bremssystem

Um es anders auszudrücken
Ohne sie geht gar nichts Mit ihnen aber auch nicht

Deshalb liebe ich sie insgeheim
Deshalb brauche ich sie zu meinem Schutz

Deshalb hasse ich sie
Weil ich ihnen im Alltag wie selbstverständlich kaum entrinnen kann

Manche sind lächerlich
Ich werde den Teufel tun dir davon zu berichten

Manche sind richtig mies
Nicht nur für die Gesundheit

Manche sind lästig
Sie kommen immer wieder zu den unpassendsten Momenten

Manche sind einfach nur hässlich
Nicht mal unter Zwang würde ich sie einem Gegenüber beichten

Manche sind notwendig
*Nach der Arbeit erstmal mit Kaffee und Zigarette auf die Terrasse
mache ich das Kreuzworträtsel aus der Zeitung zum Runterkommen*

Sie gehören mir Nur mir allein
Sind tief verknüpft mit dem vegetativen Nervensystem

Gewohnheiten sind der symbiotische Alien in meinem Frontalkortex
Der mich fremdsteuert in diesen Momenten

Ich komme sowieso nicht gegen ihn an
Kämpfe ich gegen ihn verliere ich eigentlich jedes Mal

Also Was solls Ich lebe mit meinen Gewohnheiten
Weil ich ohne sie nicht leben kann Wie ein alter geliebter Feind

Meine Gewohnheiten sind aber noch ein Entscheidendes mehr
Als das erwünschte und erwartete bloße Funktionieren

Wenn ich es mir eingestehen kann und ehrlich bin
Sind sie auch ein Spiegel

Der im Geheimzimmer meiner Seele steht
Niemand außer mir hat dorthin Zugang

Zeigt mir schonungslos immer wieder aufs Neue Wer und was ich bin
Der mich zu einer Antwort zwingt auf die Frage

*Bin ich gut so wie ich bin Bin ich es mir wert Bin ich das wirklich
Liebe ich mich selbst so Trotz allem*

Die Suche nach Antworten auf diese Fragen Zu denen mich
Der Spiegel bei jedem neuen Blick hinein herausfordert

Über die Brücke

(frei n. Wilhelmine)

Sie ist alles und von Allem das Beste
Was mir passiert ist seit vielen Gestern

Unser Gespräch Erst ein paar Stunden her
Will der grenzenlosen Worte noch so viele mehr

Niemand fasst meine Seele so im Leben an
Raubt mir unglaublich den Verstand

Ich lass sie hinter meine Wand
Zieh mich näher zu ihr ran

Wir lassen uns fallen
Mir egal wohin

Mit ihr ist alles um Welten schöner
Mit jedem Gedanken fliegen wir höher

Kopf und Herz schreien *Lass uns Einssein* Sie und Ich
Warum sieht sie mich nicht

Immer noch auf der anderen Seite des Ufers stehen
Denn nur im Geiste werd ich über die Brücke gehen

Zu Ihr

Der Regenschirm

B. trägt ihren Regenschirm
Auf der Haut am linken Arm wie ein umgedrehtes Tattoo

In den sie hineinkriecht wann immer sie Schutz sucht
Vor der einsam machenden Angst und der unstillbaren Sehnsucht

Warmer Trost und Geborgensein füllen sich dort hinein
Erklärt sie mir Statt regenkalte Angstgüsse in die gefährdete Seele

Das beschützende Hineinkriechen
Ist vorbehalten für jemand anderen und niemand sonst

Wie ich heute weiß
Unmöglich einen Platz dazwischen zu finden

Bevor sie aufs Neue hineinkriecht
Löscht sie noch die Kerze Die wir entzündet haben in den Gesprächen

Bevor sie wie eine Motte
Zu nah an der heißen Flamme verbrennt

Aus dem Spiel

Sie konnte sie wohl nicht mehr ertragen Meine Worte
Des Begreifens unserer Welten

Warum wurde ihr das *Es ist gut so wie wir sind*
Seit gestern zur Last und heute zu einer Gefahr

Sodass dem Uns geschenkte Worte die Bedeutung verloren
Ein Einziges konnte doch niemals schuld daran sein

Sie hatte mich aus dem Spiel genommen Wie eine lästige Fliege
Das Urteil der anderen verscheuchte in Gänze mein Bedeuten

Ihr schuldvoll gesenkter Blick hinübergeworfen aus der Ferne
Zeigte mir die Hilflosigkeit des Verrats durch ihre Vernunft

Das Spiel hatte ich für immer verloren
Und meinen Platz in der Gegenwart ihres Geistes

Messer im Rücken

Unerwartet und tief rammte sie ein Messer diesmal in die linke Schulter
Ich bezahlte einen hohen Preis Für ihre Freiheit von meiner Nähe

Stechendes Ziehen von der linken Schulter bis in den Arm Eine Woche
Lang Eine hartnäckig pochende Schwellung der Hand

Was jemand spricht und was jemand tut *Das kenne ich schon*
Wird dann zur Lüge Wenn der Spalt dazwischen zu groß wird

Auf meinen geschriebenen Abschied folgte ihr unvermittelter
Gewaltsamer Abriss Und der Einsturz gemeinsamer Gedankentürme

Warum ich nicht zu ihrem Leben passen sollte Außerhalb der Klinik
Über den unüberwindbaren Abstand von 30 Jahren hinweg

Konnte sie mir nicht sagen und ich ihr nicht verübeln
Verbannte sie mich durch diesen Spalt der Lüge hindurch

Aus ihrem Bewusstsein Und zog die sichere Enge des Ganzbeisich
Der unsicheren Freiheit des Miteinanders vor

Nicht mehr durch die hin- und herrauschenden Gedankenwelten
Zu reisen Wog dennoch schwer in meinem Bedauern

In schmerzhaftem Dahinundfortfliehen
Nahm das wieder Lebendiggewordene seinen vorletzten Atemzug

Wiederkehr

Der schwarze Hund meiner Depression war zurückgekehrt
In den Vordergrund meiner ablaufenden Zeit

Dass er nicht fortgelaufen war
Damit hatte ich gerechnet

Nahm wieder seinen Lieblingsplatz schwer auf meiner Schulter ein
Wollte mich zu Boden drücken Wie beim ersten Mal

Begrüßte ihn wie einen alten Freundesfeind zu Besuch
Als treuen Begleiter meiner Krankheit

Dieses Mal behalte ich die Oberhand
Damit nicht wieder alles von vorn begann

Scheinbar gleichgültig lag er beim Nichteinschlafen neben mir und
Grunzte zufrieden Wenn er wieder das Kreisen meiner Gedanken hörte

Hüllenfeuer

Schon lange bevor meine Frau ging
Starb die Lust in der lebensfeindlichen Gleichgültigkeit unserer Ehe

Heute Abend zwölf Jahre später
Flammt es auf im Kopf Wieder einmal Das Feuer der Lust

Wie viele Wochen oder Monate ist es her
Seit dem letzten Versuch

Immer nur allein mit mir und meinem Kopf
Soll ich oder soll ich nicht

Schon schlecht bei dem Gedanken das entscheiden zu müssen
Streiten sich Ekel und nackter Instinkt in aussichtslosem Kampf

Nicht Augen zu sondern Kopf aus und durch sagte ich mir Mut zu
Sollichodersollichdochnicht

Entschlossen und verzweifelt beginne ich mich zu bewegen
Bastle mir irgendwelche erregende Geschichten zurecht

Sehne mich nach dem berauschenden
Erlösenden Urknall in den Synapsen die ich noch besaß

Wissend dass ich danach
Tief und traumlos schlafen würde

Vor meinem inneren Auge versammeln sich
Namenlose nackte Brüste und Schenkel in einsam stummer Fantasie

Gebe mir Mühe und steigere das Tempo
Will unbedingt diese verdammte Schwelle erreichen

Wie viele Jahre die Haut keiner Frau mehr berührt Fühle ich plötzlich
Kalteinflößende Armut und Sinnlosigkeit in mir aufsteigen

Der Gedanke macht all meine Bemühungen mit einem Schlag zunichte
Doch sie ist noch da Die chemische Lust da oben Aber nicht mehr unten

Mein Kopf geht ohne mich noch einen Schritt weiter Ohne zu fragen
Die seelenlosen Nächte der Ex treffen die Nerven wie ein Stromschlag

Zuckender Blitz und ein gewaltiger Donnerschlag
Der uneinholbare Schmerz zieht gnadenlos seine Bahn bis nach unten

Leere Hüllen sind auf einmal die krampfhaft erdachten Frauenkörper
Meine Hand stoppt Diesmal endgültig und unabänderlich

Das wars Aus und vorbei
Wieder einmal

Drehe ich mich frustriert zur Seite
Mit einem bitteren Geschmack auf Kopf und Zunge

Meilenweit unter die Schwelle abgesunken verbrennen im
Hüllenfeuer Lust und Einsamkeit zu kalter Asche

Spur verloren

Der Abdruck meiner Füße im Sand
Füllt sich mit der ablaufenden Gischt

Nichts soll bleiben von mir außer einem blinder werdenden Fußabdruck
Im vergänglichen wässrigen Sandgemälde

Vergessen werden am Strand
Das wäre mein letzter Wunsch

Mit Leichtigkeit überspült das Meer
Jede fragende Schwere meiner Gedanken

Ich habe meine Spur verloren
Durch die Strudel der Vergangenheit

Verschwunden im Sog
Der ablaufenden Flut

Spuren hinterlassen

Im Leben für die Erinnerung anderer in einer nicht erlebbaren Zukunft
Ist das Ziel von so vielen die ich kenne

Selbst in meiner Familie bei meinem Vater und Bruder ist das so
Ich bin da eher die Ausnahme

Mit Taten und Worten gravieren sie nachhaltig schöne Bilder von sich
Ins Gedächtnis der Geschichte und von Leuten

Sich aufopfernd und allesgebend im Beruf
Streben sie nach Anerkennung und Lob von anderen

Meist sonnen sie sich gern im Scheinwerferlicht des Gemeinwohls
Ich meide das Rampenlicht wo es nur geht

Von außen gesehen Der Rasen stets kurz und akkurat gemäht
Die Hecken und Sträucher sauber und hübsch gestutzt

Wer das Äußere seines Hauses piccobello hat muss auch im Innern sein
Leben im Griff haben So die allgemeine Auffassung der da draußen

So gibt man ein akzeptables Bild ab Von einem vorbildlichen und
Vorzeigbaren Bürger Der mit Erfolg vorwärtskommt in seiner Karriere

Das Leben eines von Krankheit Zweifeln und Ängsten Gezeichneten
Passt da als Vorbild eher nicht ins Bild

Meine Spuren sind fehlbar Nicht fürs Leben und nach dem Tod
Geeignet Und jagen keiner Bedeutung hinterher

Ob sich irgendjemand an mich erinnert Ist mir und meinem Garten
Letzten Endes so was von egal Wenn ich tot bin

Der Prozess

Jemand musste ihn verleumdet haben
Den ehemaligen Patienten L. aus der Klinik

Denn eines Morgens war er da Der Brief in seinem Briefkasten
Darin die Aufforderung zu einer dringenden Anhörung in besagter Klinik

*Massive und fortwährende Überschreitung seelischer Grenzen einer
Therapiepatientin durch geistige Penetration* lautete die Anklage

Beklommen saß L. auf dem viel zu kleinen Stuhl in der Mitte des
Gruppenraumes der viel größer und einschüchternder wirkte als damals

Weit weg vor ihm am quer zu seinem Sitzplatz gestellten langen Tisch
Anwesend alle wichtigen Personen aus vergangener Zeit in der Klinik

Der Leiter und Prof. Hr. L. Sein Stellvertreter Hr. W. Die Ärztin Fr. H.
Seine ehemalige Therapeutin Fr. S. Sowie der Pflegedienstleiter Hr. W.

Sein schwarzer Hund saß zufrieden neben L.'s Stuhl Überdimensional
Legte er ihm die riesige Pfote schwer auf dessen Schulter

Mit traurigem gesenktem Blick begann der Prof. als erster den Prozess
Ich bin enttäuscht Gerade von Ihnen hätte ich das nicht erwartet

Die peinliche Stille nach dieser Eröffnung durchbohrt die schmallippige
Eiskönigin hinter dem langen Tisch Die vorher meine Ärztin war

Mit ihrem Blick der mich auf der Stelle tötet und dem Satz *Sie haben
sich der hilflosen jungen Frau mit Lust und voller Absicht genähert*

Das stimmt so nicht bricht es aus ihm heraus *Doch hast du* knurrt die
Zottelige Schnauze seines Begleiters der nicht mehr sein Verteidiger war

Die L. ihm jetzt am liebsten stopfen würde mit seiner schwarzen Pfote
Die er auf seinen Schenkel legte mit den Worten *Lass es gut sein*

Das Urteil

Was haben Sie zu Ihrer Verteidigung zu sagen sprach der Professor mit
Der Frage die L. zum Monster abstempeln würde vor dem langen Tisch

Mit dem Akt von Verzweiflung begann L. sein Plädoyer gegen
Die tauben Ohren *Es stimme alles so nicht* wie sie es sagen

Seine Verbindung zu B. habe nichts Körperliches mit irgendeiner
Erotischen Färbung gehabt In keinster Weise und zu keinem Zeitpunkt

Keine Sehnsucht nach Umarmung oder sonstiger Ekstase Eher ein
Geistiges Anschmiegen von Menschen die sich aus der Seele sprechen

Ohne Absicht In geteilter Konzentration aufeinander
Ein einvernehmliches ineinander Einfühlen und nie Rechte fordernd

Das niemals und niemanden verwundet habe Deshalb unschuldig und
Nicht strafbar sei *Deine Sichtweise interessiert hier keinen* knurrte der

Hund und legte ihm abermals seine schwere Pfote auf seine Schulter
Ärzte haben *schon immer Recht Sie wollen dich nur loswerden*

Der Pflegedienstleiter Hr. W. meldete sich nun zu Wort der ihm einst
Den Schwarzen Hund vorstellte in guter Absicht und mit Wohlwollen

*Das ist das Problem Sie haben die Patientin zu ihrer Gefangenen
Gemacht Ein Fisch an der Angel Deshalb hat sie sich an uns gewandt*

L. habe sich in ihren Geist verhakt zu seinem Vor- und ihrem Nachteil
Der Richter und Professor pflichtete ihm bei mit seinem Schlusswort

*Das ist eine Straftat Hier in der psychiatrischen Klinik Sie haben unsere
Arbeit und die Therapie dieser Frau auf das Empfindlichste gestört*

Verkündete er sein Urteil
Ewiges Sprech- Sprach- und Kontaktverbot ohne Ausnahme

Nicht aus meinem Kopf

Ihre Nummer und unseren Chat
Habe ich schon lange gelöscht

Ihr und mir die Freiheit zurückgegeben
Der Versuchung kein Nachgeben mehr gegeben

Warum frage ich mich fast jede Nacht und jeden Morgen
*L*ässt *sie mich nicht los* im Schlaf des Vergessens

Ich will wieder mir gehören
Ohne Sehnsucht Ohne Versagen Ohne Schuld Ohne Vergessen

Ihre einzige und letzte Umarmung Mir nicht mal gesagt *Warum*
Ist nur noch ein schwindender Hauch auf meiner Seele

Wie lange muss ich noch schreiben
Um sie aus dem Kopf zu bekommen

Würde sie meinem verrückten Angebot in meinem Brief folgen
Und meine vielleicht ungelöschte Nummer fragen *Wo bist du*

Würde die linke Hand nur ein einziges Wort senden
Das die rechte Hand ihr sofort wieder wegnehmen würde

Die Frage ob die Rechte jedoch schnell genug sein würde
Konnte ich nicht mit letzter Sicherheit beantworten

You've been right where you shoud be
Anywhere the wind blows That's where I'm goin' now

B. in A und O

Die Frage *Was liest du da* war Anfang und Ende zugleich
Unsere Begegnung war A und O Geburt und Tod

Das Schreiben durch B. gab mir die Kraft des Verarbeitens
Das die totgelebte Seele und Sinne auferstehen ließen

Durch sie wurde eine unbekannte und verborgene Schleuse geöffnet
Im todesähnlich stillen Brunnen der Sprachlosigkeit meiner Depression

Die unzähmbaren über das heiße Lavafeld des Geistes hinweg über
Alle Stufen heraufbrodelnden Wortfontänen befreit in wilden Geysiren

Letzten Endes rissen sie mich fort Von ihr Zu nah waren sie unter die
Seelenhaut gekrochen Was jede Vernunft und Weitsicht verbot

Meine Offenheit und das hilflose Nichtbegreifenkönnen meiner Welt
Erschreckten sie zu Tode Ließen sie in ihrer Therapie erstarren

Dachte ich die Gedanken von Schuld und Verantwortung beiseite
Reichte das Gemeinsam im Getrennt bei weitem nicht über die Zeit

War das Unmögliche stets die einzige Möglichkeit in unserem Denken
Das Mögliche fernab der Gespräche aber schlicht eine Unmöglichkeit

Doch begrub das verkrachte Ende Seele und Geist bei lebendigem Leib
Ein Untoter einst im Leben davor Starb mit jenem Tag alles Pulsierende

Trennte mich wieder zurück und weg
Vom A ins O Ins Alleinsam

Mit der gleichen bis aufs Blut entschlossen geballten Faust
Hämmerte ich tief unter der Erde liegend Meine Worte gegen das Urteil

Wie der blonde Racheengel Beatrice Kido in Tarantinos Film
Gegen den vernagelten Sargdeckel Bis das Holz splitterte

Audioorgasmic Jazz InEar

Ein langes unaufhaltbares Ziehen
Lustvoll tiefer Schmerz im heranpulsierenden Glück

Atemstill die orgiastischen Gitarrenriffs
Die Melodie der Erlösung fest im Ohr

Perfekte akustische Wellen von instrumentaler Symbiose
In Alan Holdsworths Gitarrenschreien und Jimmys Basslines

Ungebunden wildes Spiel von Chad gegen den Strich
Befeuert in solistischer Freiheit das ungeheure Tempo

Meine Ohren lechzen nach
Dem befreienden Miniorgasmus in meinen Gehörgängen

Zeitlose akustische Klimax Entspannt hören und fühlen
Funktioniert zuverlässig auch noch nach 40 Jahren

Der perfekt abgestimmte und weich verzerrte Gitarrensound
Mit dem langsamen Vibrato darin

Ist fähig
Glückverheißende Hormone auszuschütten

Jagt einem Mikrodrachen gleich
Von den InEar- Kopfhörern aus durch meine Gehirnwindungen

Um alle audiophilen Synapsenübergänge
Nachhaltig zu reizen

Auch mit eigentümlicher Traurigkeit
Weil ein Zenit überschritten und die Lebenszeit begrenzt ist

Weil der geniale Gitarrist viel zu früh gestorben ist
Wie schon viele andere Idole meiner Jugendzeit

Hugo's Café

Ich habe ihn gefunden Den perfekten Ort
Des wieder Fühlenundschreibenkönnens

Täglich in einem kleinen Café in der Fußgängerzone
Am fast nördlichsten Punkt Deutschlands

Draußen auf einer weißen Bank mit vier kleinen Holztischen davor
Unterm Dach mit Aschenbecher und ungezählten Tassen Café Crema

Fließen endlich wieder Worte durch meinen Kopf in meine Finger
Und Sätze an die richtige Stelle

Der Seelengroßputz konnte von neuem beginnen
Der Fahrtwind des Schreibens sich entfesseln und durch jeden Winkel

Blasen Um allen übriggebliebenen zwischenmenschlichen Abrieb
Wie staubiges Sägemehl aus der Gedankenwerkstatt zu fegen

Nach der langen Zeit der Schreibblockade in meinem Gewissen Beginne
Ich hier mit dem Laptop meinen Urlaub vom Schmerz des Vergessens

Bin ich für die Leute die vorübergehen und die anderen Gäste sichtbar
Und bleibe dennoch unsichtbar wie ein Blinder

Was für mich ohne Bedeutung und deshalb auch erholsam ist
Wenn ich über Tastatur und Monitor in mein ganzes Universum blicke

Mir der Freiheit des Geistes im Schreiben erobere ich
Mir eine unverdeckte Meine selbstbestimmte Zeit zurück

Heute am Samstag stand ich vor Hugo's verschlossenen Türen
Am Montag lächle ich dankbar für sein Wiedererkennen

So ist es Und so wird es sein
Für die nächsten und alle Tage danach Und die die noch kommen

Hier bin ich
Hier bleibe ich

Hier kann ich sein
Für heute Und für morgen

Vorerst
Irgendwann für immer

Gegen die Zeit

Das Meer läuft auf gegen die Zeit
Während ich am Ufer sitze auf den bunten Kieselsteinen

Schreibe an gegen das echotönende Rauschen der Zeit
Und gegen jede Erinnerung

Warten auf Nichts
Was ich nicht schon wusste

Schreibe und rauche ich ausgenommen von jedwedem Ziel
Atmet jeder Zug Jedes geschriebene Wort Meinen Freiheitskampf

Dankbar und ungehört verhallen die Gedanken daran
Im Rauschen der friedlich heranglucksenden Wellen

Immer wieder von Neuem
Mit jeder kleinen Welle ein Vergessen gegen die Zeit

Gedankenzerfließend stelle ich mir vor
Mein Körper ist eine Marionette Mein Leben ein Theaterstück

An jenem Strand sitzend Mit dem Kopf auf die Brust gesunken
Zwischen den Akten Und dem Rücken gegen einen Stein gelehnt

Bewahre ich als Puppe Nur scheinbar bewegungslos Diesen Moment
In dessen Akt der unsichtbare Puppenspieler die Fäden

Für einen kurzen Moment locker sinken lässt
Seiner Puppe nicht die Zeit an sich Sondern für sich gönnt

Versinkt sie in dieser kurzen und sinnentleerten Zeit
Im Glück eingefroren vor und in sich selbst

Bevor sie Die Fäden wieder straff gezogen Von Uhrzeit Erwartung und
Vernunft getrieben Aufsteht und diesen Strand verlässt

Notgedrungen

Sitze ich heute auf der Terrasse in Lola's Cafè weil Hugo nicht da ist
Doppelter Espresso mit heißer Milch und Blaubeerbisset

Genieße den angenehmen Wechsel von Sonne und Wolken
Im Rücken und den leichten Wind während ich schreibe

Die anderen Gäste mit großem Frühstück
Haben mich längst allein zurückgelassen Ein gutes Zeichen

Hege in diesem federleichten Hiersein die leise Hoffnung
Meine wieder aufkeimende Depression zurückzudrängen

Schreibe Trinke Kaffee und rauche mit nur einem Ziel
Dass das Schreiben meine rastlos fragende Einsamkeit verwandelt

Weg von allen kreisenden Gedanken in das zufriedene Mitmirallein
So schnell wie nur hier im Norden Am Himmel die Wolken ziehen

Sand und Asche

Chancenlos gegen die Wolkenwand blinzelt die Sonne sekundenweise
Kleine Wellen vor mir Sitze ich nackt von allem befreit allein am Strand

Seewind streicht hörbar an meinen Ohren vorbei aufs Meer hinaus
Lässt Sand und Asche auf Tastatur und Worte fallen wie leiser Regen

Mein rotes Auto mit noch genügend Erdgas im Tank
War mit mir losgefahren Kannte den Weg auf die Insel von allein

Vereinzeltes Möwenkreischen und Sylt gegenüber im Blick
Schreibe ich am zweiten Lieblingsplatz außer Hugo's Café

Luftleichte und sandschwere Sätze
Ohne irgendeinen Laut und Blick irgendeines Gegenübers

Mit der Melodie des Windes und seinem wohligen Kribbeln im Rücken
Am zu Ende gehenden Tag Am weiten Ufer des Meeres

Wieder mir
(frei n. Wilhelmine)

Hab eine neue Stadt gefunden für mein letztes Leben
Der perfekte Ort Weit weg von allem und jedem

Sitze täglich in Hugo's Café und schreibe mich fort von ihr
Erlaube mir wieder das Glück zu spür'n

Gute Dinge geschehen von allein und der warme Regen tropft
Auf mein Gesicht Da wo mal Tränen waren für dich

Ich glaube wirklich so schlecht war ich nicht
Hol mir die Worte und meinen Stolz zurück

Damit mein Herz wieder schlagen kann
Ohne dass mein Gewissen immer noch nach ihr fragt

Schreie ich schreibend die Worte heraus ins Hier
Ich gehör' wieder mir

Write to write 2.0

Die schlichte nackte Wahrheit sieht anders aus
Nochmal die face to face Begegnung mit B. kann ich mir nicht vorstellen

Wie unsere Geister rasendschnell aufeinander zugerannt
Sich hoffnungs- und erbarmungslos ineinander verhakt haben

So kann unsere am Ende sich seltsam verdrehte Verbundenheit
In irgendeinem Später nicht mehr entworren werden

Als Gebrandmarkter und Verurteilter will ich ihr zudem nicht
In die Augen schauen Um herauszufinden wie viel von mir und allem

In dem einst Geschriebenen noch in ihnen übrig ist
Für einen Restart fällt mir kein einziger vernünftiger Grund ein

Write to write 2.0 Wenn es so etwas überhaupt gibt bleibt zweifelhaft
Weil sie es niemals mehr darauf ankommen lassen wird

Doch ohne Schuld denke ich immer noch
Es ist besser eine Tat zu bereuen als eine verpasste Gelegenheit

Love In The Pain

Warum geht immer wieder meine Zigarette aus beim Schreiben
Unangezündet stecke ich sie wieder in den Mund und rauche sie kalt

Sanfte Wellen schiebt das Meer hier ans Ufer ohne sie zu brechen
Als ich aufsehe aus dem *Strandgut* auf der anderen Seite des Meeres

Der Song aus dem Radio fliegt mir wieder ins Ohr *Love in the pain*
Whatever it was There's nothing now To change your way

Habe ihn so laut gedreht wie meine Ohren es für richtig hielten Um den
Refrain einzusaugen für später Jetzt schreibe ich mich hier am Ostmeer

Mit ihm zurück in die Zeit mit ihr Nichts könnte sie besser beschreiben
Als dieser Song Der Sänger mir unbekannt Erinnert er mich an das

Unfassbare während und nach der Zeit in der Klink An den Stachel
Der immer noch im Fleisch sitzt An den Satz von Denzel Washington

Als immerzu Bücher lesenden Taxifahrer und Rächer in *Equalizer*
Es gibt zwei Arten von Liebe Eine die wehtut und eine die verändert

Obgleich aus den gemeinsamen Grenzerfahrungen in unseren
Gesprächen nur meine körper- und herzlose Verliebtheit resultierte

Trifft beides zu Jedoch schmerzt der Verlust weniger als die Tatsache
Dass sie letztendlich nutzlos und gefährlich im Widerspruch stand zu den

Bedürfnissen ihres noch jungen und meines alten Lebens Wir waren
In der Lage Schutzmauern und Sicherheiten zu zertrümmern

Der Beginn meiner neuentdeckten Liebe zur Sprache wird ewig bleiben
Unveränderlich für immer auch zu diesem einen Gegenüber gehören

Dessen Gesicht irgendwann verblassen wird Bis nur noch die Frage
Übrigbleibt mit der unsere Geschichte einst begann *Was liest du da*

Das erste Mal

Daran erinnert sich jede und jeder
An den ersten Kontakt mit Haut und Geist eines anderen

Wie auch ich beim Schreiben
Werde ich dessen Initiation niemals vergessen

Was mir geschenkt wurde
Durch die schmerzhafte Verbindung in unsere Welt der Sprache

Sie hat mich gestärkt und sicherer werden lassen mit der Zeit
Mir einen gangbaren Weg bereitet Den ich gefahrlos gehen kann

Mir keiner mehr nehmen kann
Dessen Richtung und Ziel nur ich selbst bestimme

Der geeignet ist zur letzten Geschichte vom Rest des Lebens
Zu werden Die ich alleine schreibe ohne eine Begleitung

Nur deshalb bin ich heute in der Lage
Alle Verluste der Vergangenheit in Würde zu verschmerzen

Keine Sehnsucht und keine Erklärung vermisse
Was ich vielleicht wann und warum verloren habe

Der Gewinn daraus ist wichtiger und bleibt
Hat sich als tragfähige Standort- und Selbstbestimmung entpuppt

Hat mein Leben verändert und wird es zukünftig tun
Da bin ich mir sicher

So gesehen brauche ich keine Erinnerung Keinen Halt mehr
Was ist eigentlich aus dir geworden

Trauere ich nichts und niemandem nach
Brauche weder Seelenklempner noch Seelenverwandte

Leben ist mehr als Sterben

Am Totenbett meiner Mutter spielte ich einen letzten Choral
Mit ihr starb unser gemeinsames unausgesprochene Einverständnis

Zwischen uns Dem ich Zeit meiner Jugend so viele Melodien noch immer
Zu geben versuche Bewahre ich ihr Vermächtnis tief in meinem Wesen

Das sie an mich weitergab Auf so vielfältige Weise in mein Weiterleben
Das Einzige und Beste was ich für uns tun kann

So viele Male Sterben im Leben und Leben im Sterben
Wie viele Tode erlebt ein Individuum

Seit mein Geist sich vom Körper trennte im tiefen Brunnen
Schreibe ich mich nun auch mit Worten statt Melodien gegen den Tod

Zurück ins Leben Bis meine Seele eines Tages wieder heilt
In der Hoffnung Dass Leben mehr ist als Sterben

Salty Head

Salty Head Somewhere in the ocean
Stand auf ihrem T-Shirt Ein schöner Gedanke der mich erinnert

An den stillen Abend zurück Gestern am Nordstrand meiner Insel
Allein am Strand mit zwei emsig an mir vorbeilaufenden Strandläufern

Eingetaucht in die dämmernde Stille eines abenddunklen Ozeans
Kein Grund und nicht die Zeit für das nach Antwortensuchen

Mit dem Gesicht nach oben verschwimmt mein Blick
Im Spiegelbild des Meeres Dem weiten Wolkenuniversum des Himmels

Nackt und frei von jedem Gefühl treibe ich dahin auf salzigen Wellen
Schwerelos trägt mich das Meer auf seiner endlosen Wasserliege

Die Kühle des Ozeans durchfließt in einer wohltuenden Verlangsamung
Von Geist und Körper Die Abwesenheit von Sinn und Zeit

Pizza am Strand

Hatte sie ihrer Familie am vorletzten Abend der Abreise versprochen
Und mich dazu eingeladen

Meine Arbeitskollegin A. machte zufälligerweise
Mit ihrer Großfamilie zur gleichen Zeit wie ich Urlaub Auf meiner

Insel mit den beiden Ø Sodass ich sie mehrmals besuchte
Als ich dort zum Baden war

Die Familie mit Söhnen Tochter und Enkelkindern
Bewohnte ein hübsches geräumiges skandinavisches Holzhaus

In dem mich alle beim ersten Besuch mit einer herzlichen Umarmung
Und wie selbstverständlich auch dem skandinavischen *Du* begrüßten

Mehrere Essenseinladungen später wurden sie
Zu einer Art Ersatzfamilie für mich in der kurzen Urlaubszeit

Meiner Kollegin blieb derweil nicht verborgen
Warum ich hier allein unterwegs war

Und so wunderte es niemanden Dass sie und die anderen mitbekamen
Dass ich Gedichte schreibend meine Zeit hier verbrachte

Der Pizzaabend war ein einmaliges Erlebnis Mit einem wunderschönen
Sonnenuntergang Vielen langen und interessanten Gesprächen

Einheimischem Bier und sogar ein paar gemeinsamen Fotos
Machte er mir deutlich

Wie wenig es doch brauchte
Um sich wohlzufühlen unter fremden aber liebenswerten Menschen

Die keine unangenehmen oder aufdringlichen Fragen stellten
Sondern mich wie selbstverständlich so aufnahmen wie ich war

Nieselregen im Sommer

Feiner Nieselregen im Sommer Herrlich und typisch norddeutsch
Hält mich um nichts in der Welt davon ab

Wie jeden Morgen ins Hugo's zu fahren mit dem Rad
Das knusprigste Croissant seit langem und Café Crema wie immer

Unerwartet spontane Gespräche und Begegnungen vermitteln mir einen
Vorgeschmack Später einmal hier unter den Einheimischen zu leben

Er riecht vom Kopf her Der Fisch sagt man Für einen Grenzschreiber
Wie mich ein Kompliment mit dem ich leben kann

Bewege mich schon jetzt an der Küste so gewohnt In allen Orten und
Zwischenräumen am Rand des Ozeans Froh dass mich keiner kennt

Fühle mich bei Hugo in Ruhe gelassen und
In Ruhe - Gelassen

Als ich das Hugo's viele Regenschauer später verlasse und
Mit dem Koffeinschock meines Lebens Vergehen fünf Stunden

Durchs Fenster

Durch das halb geöffnete linke Fenster des Autos rieche ich es zuerst
Längst bevor meine in Gedanken versunkenen Augen es entdecken

Ein staubgold glänzend und in Teilen frisch abgemähtes Getreidefeld
Tief einatmend Lächeln innerlich Nase und Augen auf meiner Heimfahrt

Von der Insel die schon seit letztem Jahr zu meiner geworden ist
Meine alte Heimat kennt ihn nicht Den unmittelbaren Geruch der Natur

Schnell und intuitiv verbinden sich Gedanken und Augen wieder ins Jetzt
Um einfach nur in vollen Zügen diese Luft des Nordens zu genießen

Fahre zufrieden weiter an den vielen schönen Backsteinhäusern vorbei
Einstöckig Reetbedeckt und alt wie es sie nur hier oben gibt

Mein Auto Wie ich nun Grenzgänger hält an einer Kneipe direkt hinter
Der Grenze Will diesen durstigen Gedanken noch mit Flens runterspülen

Mit oder Ohne

Alkohol betäubt mir willentlich den Verstand Er bewirkt eine von mir
Erwünschte Verlängerung meines Empfindens ohne Bedenken

Wie 0,3 L des dunklen Flens gestern am runden Tisch im grünen Garten
In der Grenzkneipe abends auf der Rückfahrt zurück von der Insel

Immer noch Salty Head schmeckte mir das Bier erstaunlich gut Schon
Nach dem übernächsten Schluck spüre ich die erwartete Wirkung

Ohne Alkohol heißt das Bier des gleichen Herstellers aus dem Norden
Lustigerweise *Frei* Ich trinke es gerne in meiner kleinen Ferienwohnung

Überlässt mir tatsächlich den Geschmack der Freiheit des Denkens
Zeigt mir auf erfrischende Weise was möglich ist mit meiner Sprache

Mit und Ohne Ich brauche beides Mal das eine Mal das andere
In meiner Sprache In meinem Körper In meiner Seele In meinem Leben

Zwischenbeobachtungen 1

Im Schreiben so tief im Innern angekommen wird es in der 2. Woche
Zeit Einige Beobachtungen und Veränderungen herauszuschreiben

Beobachtung 1:
Mein Kopf hat seit Tagen dermaßen vehement Einschlafschwierigkeiten
und will offensichtlich keinen Schlaf mehr
*Weder die gewohnten Alpensalbei oder Fishermanbonbons Alkohol Pat
Metheny auf den Ohren Noch Masturbationsversuche helfen dagegen*

Beobachtung 2:
Tippe abends und bis knapp vier Uhr in der Nacht fast alle fünf Minuten
nun viel häufiger verwirrende Gedankensplitter ins Handy
*Wundere mich dass meine Finger dabei nicht anschwellen Kann doch
nicht die ganze Nacht durchdenken bis die Sonne wieder aufgeht*

Beobachtung 3:
Mit der sich ständig erhöhenden An- und Drehzahl meiner Gedichte
Steigt rasant auch mein Koffein- und Nikotingenuss
*Der monetäre Aspekt dieser Erscheinung beunruhigt mich dabei weni-
ger als der Gesundheitliche*

Beobachtung 4:
Schrieb ich zu Beginn meines Urlaubs noch ein Gedicht pro Tag sind es
nun drei oder vier Gedichte
*Wie soll das werden wenn ich nach zuhause zurückgekehrt wieder mit
dem Arbeiten anfange*

Beobachtung 5:
Meine Augen und Ohren sind zu einer Chipkarte geworden in perma-
nentem Aufnahmemodus mit unbegrenzter Speicherkapazität ohne
Löschfunktion
Wie lange dauert es bis ich jemand damit auf die Nerven gehe

Einzige Fragen:
Werde ich verrückt Keine Antwort *Macht es mich verrückt* Auf jeden Fall

Schicker Audi in Sylt

Mit der dampfenden Kaffeetasse mit eigenem Kaffee von daheim
Schmeckt morgens als erster einfach am besten

Müde von der gestrigen Nacht mit zu wenig Schlaf und der frühen
Morgenzigarette im Mund stapfe ich die Treppen aus meiner

Dachwohnung mit dem Namen Föhr hinunter vors Haus und setze mich
Auf den Stuhl neben dem kleinen Tischchen mit Aschenbecher

Den die Vermieter mir freundlicherweise hingestellt haben Sehe dass der
schicke schwarze Audi Combi weg ist zusammen mit dem emsigen

Schwabenehepaar aus der anderen Nachbarferienwohnung Sylt
Ich in Föhr Sie in Sylt Das passt Kaum nehme ich den ersten Zug

Und Schluck aus der Tasse purzeln die Wörter aus meinen Fingern in die
Notizseite meines Handys das ich vorsichtshalber mit nach unten nahm

Wenn die beiden wüssten womit ich hier meine Zeit verbringe Würden
Sie empört und im Stillen die Köpfe schütteln in ihrem schicken Audi

Erst recht nach dem zufälligen gestrigen Abendsmalltalk vor dem Haus
Samt Austausch von Aktivitäten denen man hier so nachgehen kann

Empfahl ihnen die Schönheit meiner Insel Sofort schwärmte der Mann
Von einer Oldtimerralley die er so gerne dort anschauen würde

Als ich ihm berichtete dass gestern die Oldtimer im Corso auf der Insel
Herumfuhren zeterte er mir wütend seine Enttäuschung entgegen

Vernünftig genug unterbreche ich später mein Tippen um das auf
Schwarzem Schiefertablett servierte Rührei nicht kalt werden zu lassen

Die Butter nicht von der Sonne schmelzen zu lassen die auf der Außen-
terrasse im Lola's sitzend um die Ecke kommt Und den Rücken kitzelt

ErdbeerCroissant

Mit frühen Worten auf der Zunge springe ich rasch aus dem zerwühlten
Bett in den von mir herbeiersehnten Morgen Es zieht mich wieder ins

Hugo's Als hätte ich ein Date Will bald aufschreiben was ich nachts
Im Dunkeln notdürftig vor dem Vergessen ins Handy gerettet habe

Der Gedanke daran und meine Vorfreude lässt unten plötzlich etwas
Größer werden Härter baumelnd als sonst in der Morgenbaumwolle

Meiner kurzen Schlafanzughose Der bekannte Morgeneffekt oder das
Vorspiel meiner Schreiblust Mir so was von egal Während ich eilig in der

Kleinen Küche mit der Dachschräge die Kaffeemaschine anschalte und
Das zu weiche Croissant von gestern mit Butter und Erdbeermarmelade

Bestreiche Hege überrascht meine Erektion als hätte ich Geld auf der
Straße gefunden *Wie verrückt ist das denn* denke ich lächelnd

Streife durch den Stoff des Hosenbeins die Haut noch etwas zurück um
Seinen Zustand noch ein wenig zu verlängern

Die jahrelange Dysfunktion in dieser Region meines Körpers kann mir
Meine Erkenntnis darüber nicht schmälern Dass mein Schreiben nun

Zum besten und einzigen Sex geworden ist den ich zurzeit kriegen kann
Ob der zugegeben absurden Masturbationsfantasie kaue ich zufrieden

Hartbleibend mein ErdbeerCroissant Entschlossen sein Bedürfnis auf
den Abend zu verschieben begreife ich Dass ich diesen Sex bekomme

Wann immer ich ihn will Packe hastig meinen Laptop und radle zu
Hugo Bevor mein Kopf noch weiter mit mir durchdreht Solchartige

Ablenkung von meinem eigentlichen Ziel verhindere ich künftig
Indem ich ein knuspriges Croissant zum Kaffee bei Hugo dazubestelle

Schreiben als chemischer Prozess

Streng genommen durch molekulare Aufladungen in den Synapsen
Formen sich Worte heraus und entladen sich in kleinen Blitzgewittern

Zu Sätzen die ich wiederum molekular bedächtig lange in ihrer
Bedeutung erschmecke Indem ich vorsichtig in meinem Gaumen

Auf ihnen herumkaue bis ich sie in ihrem geprüften Geschmack aus dem
Mund freigebe und meiner Tastatur zufrieden auf den Teller lege

So gesehen fülle ich meinen Teller mit einem Satz nach dem anderen
Drapiere sie um Ergänze Zutaten oder ein Gewürz wie ich es brauche

Noch nie habe ich so über den chemischen Ursprung meiner Gedichte
Nachgedacht Mir fällt der Song ins Gedächtnis von Mai Thi Ngyen- Kim

Den sie zusammen mit dem lustigen Shantychor The Fishermen und der
Talkshowmoderatorin Ina Müller gesungen hat *Alles ist Chemie*

Schreibwut

Heute bemerke ich es zum ersten Mal Nach der letzten Nacht Diesem
Morgen und auch jetzt noch am Naturbadesee in der Abendsonne

Weil ich zum zweiten Mal einen Mittagsschlaf brauche um nicht zu
Kollabieren Im URLAUB Schreibend und zu viel Koffein und Nikotin

Wie sie zehrt an mir Meine Schreibwut Sechs Gedichte mit gleichem
Datum zeigen es mir unmissverständlich Ich nehme sie zur Kenntnis

Und die Herausforderung an Denn ich weiß dass ich nicht anders kann
Als Schreiben Besonders in dieser letzten Nacht wurde es mir bewusst

Ich atme Sätze wie andere Luft Jederzeit und überall Es hört einfach
Nicht auf Meine Erschöpfung kann nicht mehr leugnen Dass mein Kopf

Weniger Schlaf braucht als mein Körper Viel weniger Um drei Uhr
schlich Ich mich hinunter aus meiner Dachwohnung Rauche und lenke mich ab

Als das Licht des Bewegungsmelders vorm Haus angeht Sehe ich sie
Mir gegenüber in der Einfahrt sitzend Die mit dem schönen rötlichen Fell

Vom Vortag Den weißen Pfoten Typisch für Katzen in geduckter Haltung
Mit allen unter ihren Körper gezogenen vier Pfoten Schaut sie mich ruhig

Und lange an Ihren weiß reflektierenden Augen richte ich stumm einen
Gruß aus An meinen Kater Sammy und hoffe inständig dass die Ägypter

Recht behalten Dass Katzen einen funktionierenden Draht ins Jenseits
Haben Das siebte halbfertige Gedicht bevor die Sonne untergeht

Hinter den Bäumen dieses Naturbadesees und die Schnaken mich
Aufzufressen beginnen Beende ich schnell und fürs erste meine Wut

Verschwunden werden

Das ist einer von den vielen Begriffen der in den beiden Therapeuten-
berichten sowohl bei der Aufnahme als auch im Entlassungsbrief

Geschrieben stand Der Patient zeigt eine deutlich ausgeprägte bereits
Länger anhaltende passive Suizidalität *Was bitte ist daran so schlimm*

Wenn ich es mir aussuchen könnte Und wer tut das nicht Würde ich
Liebend gern verschwunden werden Mich einfach auflösen

Ohne zu wissen wann und warum Stelle ich mir ein Szenario neben
Anderen vor Zufällig unbemerkt über eine Reling fallen und ertrinken

Auf einer letzten Fahrt mit einer Fähre zum Beispiel Kein Ankommen
Außer im weiten Meer Ich würde es willkommen heißen

Schließlich raubt mir das Leben selbst die Luft zum Atmen So wie beim
Narkosemittel Propofol das mir vor meiner Darm- und Magenspiegelung

Der Arzt verabreichte Mich schwer nach unten wegzog innerhalb von
Sekunden Bevor er den Satz vollendete mit dem er mich begrüßt hatte

Keine Totenfeier soll im Testament stehen Am liebsten Seebestattung
Aus Rücksicht auf mein Kind Jenen die hinter mir aufräumen müssen

Verzichte ich auf meinen erdachten Abschied vom Leben mit der Reling
Zu Staub und Eins werden mit dem von mir geliebten Meer

Wäre mir das Liebste *Ob das geht* Nehme ich mir vor Sobald ich hierher
Gezogen bin An meine letzte Station In der Stadt im Norden

Kein Letzter Choral Keine Trauergäste Kein Kreuz auf dem Friedhof Eine
Playlist von Pat Metheny gibt es dennoch Dem längsten Wegbegleiter

Meines musikalischen Bewusstseins: *Are You Goin With Me – The Search
– Tell Her You Saw Me – The Truth Will Always Be – Letter From Home*

Unverdeckte Zeit

Bedeckt ist der Himmel beim Blick aus dem Morgenkaffee mit Zigarette
Friedlich und still Nicht nur in der angenehmen Kühle der Morgenluft

Ebenso auch mein Blick aufs Handy Sein Datum zeigt mir unweigerlich
Wie darin die Zeit verrinnt Schmerzhafte Vorahnung von bedeckter Zeit

Wenn ich zurückkehre Nur noch eine Woche Zeit Habe ich überhaupt
Nicht den Eindruck im Urlaub zu wenig erlebt zu haben Im Gegenteil

Die unverdeckte Zeit jeden Tag ist eine Reise in die ganze Welt Wenn
Ich schreibe Deshalb folge ich Hugo auf die andere Seite des Meeres

Dicht an dicht fahren alle Kennzeichen der Welt in die andere Richtung
Freie Bahn meiner Gedanken und der Natur um mich herum *Gut so*

Bis irgendwann auf der weißen Rückseite eines Wohnmobils vor meiner
Frontscheibe eine schwarze Feder auftaucht Aus dessen Spitze sich

Davonfliegende Möwen nach oben herauszeichnen Darunter der lapidare
Satz in melancholisch geschwungener Schreibschrift *Leben ist eine Reise*

Zuerst zieht er meine Mundwinkel nach oben Dann verspannt sich das
Gehirn bis in die Schultern *Ich will keine verdammte Reise mehr*

In meinem Leben Nirgendwohin Nur noch ein Endlichankommen und
die Unverdeckte Zeit durch mich hindurch und an mir vorbeiziehen lassen

Nach endlosen Straßensperrungen der großen Küstenstadt biege ich ein
Auf den kleinen Strandweg im Haff *Strandgut* heißt hier das Café

Sofort klappe ich den Laptop auf und beginne wieder meine Weltreise
Bestelle im Strandgut eine Galette mit Ziegenkäse Rucola Tomaten

Mit Walnuss und Feigensauce und großzügig quer darüber verteilt feinen
Balsamicospritzern Alkoholfreies Bier Leider kein *Frei Spielt keine Rolle*

Nicht nur die köstlichen Explosionen meiner Geschmacksnerven
Bestätigen mir eindrucksvoll Hugo hatte so was von recht

Bin für heute richtig gestrandet an dieser wunderschönen Küste
In unverdeckter Zeit Die sich alle Zeit der Welt lässt

Mit jedem Atemzug Mit dem Leben Dem Fühlen Dem Schreiben
Zeit die unbehelligt und unsichtbar verstreicht Wie für einen Blinden

Werfe ich meinen Anker aus in unstillbarer Erwartung
Die mein Lebenspuls geworden ist

Wenn die letzte Reise
Endet in solch einer Zeit

Wenn ich kein einziges Möbelstück und keine meiner vergangenen
Geschichten aus der alten Zeit mitnehme

Gar keine Geschichte mehr zu schreiben brauche
Dann fühle ich mich frei mit mir allein Rausch ohne Limit

Hier im hohen Norden Wo der Horizont keine Grenzen hat
In der Fremde Lebendig und frei

Eine Frage der Zeit

Hugo hat sie mir schon gestellt Die Frage ob ich Schriftsteller sei
Nur weil ich jeden Tag herkomme zum Schreiben in sein Café

Nun kommt die Besitzerin vom Strandgut herüber an meinen Tisch
Neugierig geworden möchte sie die *Unverdeckte Zeit* lesen

Sie stellt mir die gleiche Frage Kann ich das von mir sagen Bin ich das
Nach 60 Gedichten geschrieben in meinem Urlaub Ich weiß es nicht

Vielleicht eine Frage der Zeit *Es gefällt mir* sagt sie Nachdem sie es laut
Sich und ihren Kindern vorgelesen hat die mit ihrem Eis beschäftigt sind

Fragt ob es veröffentlicht wird Sie möchte es gerne haben für Ihr Café
Sie tippt mir ihre Mailadresse in mein Handy und wir einigen uns darauf

Dass ich es ihr schicke So hat sie für immer eine Erinnerung an meinen
Besuch und an die Entstehung von *Unverdeckte Zeit* im Strandgut

Gebannt höre ich ihrer Geschichte zu Von der großen Flut im letzten
Oktober und dem gemeinsamen Aufbruch danach ins *Strandgut*

Erzählt mir dass sie mehr der Typ von ruhigem Wellenmeer ist
Hier aufgewachsen und verwurzelt Von diesem besonderen Flair

Begeistert hole ich mir einen letzten Kaffee mit Hafermilch und selbst-
gebackenen Brombeerkuchen dazu Verlasse dann die andere Küste

Und diesen besonderen Ort im *Strandgut* Bin Hugo dankbar dafür
Dass er ihn ausgesucht hat Für meine heutige Weltreise hierher

Und stelle sie mir vor Beim letzten Schluck Kaffee und einer letzten
Zigarette Eine Rückkehr hier in die *Unverdeckte Zeit*

Wenn ich der Besitzerin als Dankeschön dieses Buch in die Hand
Legen kann Irgendwann *Eine Frage der Zeit*

Wo ist Hugo

Von weitem sehe ich die Montagskatastrophe schon Noch bevor ich vom
Rad steige Dass draußen keiner sitzt und drinnen alle Stühle umgedreht

Auf den Tischen stehen Wegen Personalmangels erst am Dienstag
Wieder geöffnet steht an Hugo's Glastür *Das kannst du mir nicht antun*

Dabei hätte ich Hugo so viel zu erzählen gehabt Von gestern als ich ihm
Folgte auf den Spuren seiner Jugend ans Ufer des anderen Meeres

Dass ich der Besitzerin des Strandgut von ihm und seinem Café erzählte
Ihr spontan mein Gedicht versprach *Unverdeckte Zeit* im Strandgut

Dann also ins Lola's Doch die ist auch geschlossen wegen was weiß ich
Schon panisch überlege ich wie ich meinen Vormittag überleben soll

Erinnere mich dunkel Dass auf dem Marktplatz auch noch ein Café
Mit Stühlen draußen zu finden ist Jetzt also in die *Kaffeemaus*

Mitten auf dem Marktplatz *Wenigstens der Café Crema ist gut* Nach
fünf Stunden Schlaf und das Rührei auf Dinkelbrotscheiben mit Speck

Stopft mich viel zu lecker voll Nachdem ich ohne Morgentoilette und
Frühstück losgefahren um mein Hattori- Hanzoschwert zu schwingen

Die Sonne zu warm hier auf dem Serviertablett des Marktplatzes
Ohne Schirm Wenigstens die freundliche Bedienung erlaubte es mir

Meinen kleinen Tisch mit den zwei schwarzen Klappstühlen in den
Schatten eines Baumes zu stellen Mein Handy fällt dabei auf den Boden

Mit dem geöffneten Display knallt es ungebremst auf die Pflastersteine
Überlebt unverletzt und die vielen nächtlichen Gedankensplitter darin

Froh dass ich mich beim Kauf für die unverwüstliche Tefflonhülle
Entschied Die mein halbes Leben darin beschützt *Feuerprobe geglückt*

Sprechen und Denken

Allein vom Aspekt der Häufigkeit und Gelegenheit her betrachtet
Verwende ich die Zeit dieser Tage mehr fürs Denken als fürs Sprechen

Für die anderen Meist die Touristen muss es jedenfalls so aussehen
Denn man sieht mich in der Öffentlichkeit der Cafès nur am Laptop

Irgendwo in einer Ecke sitzen Schreibend Ständig kaffeetrinkend und
Rauchend Alle Bedienungen nehmen es einfach so hin Besonders Hugo

Der mir klaglos im Wechsel einen Café Crema nach dem anderen oder
Einen doppelten Espresso mit heißer Milch bringt Keine Fragen stellt

Mein Sprechen reduziert sich deshalb fast ausschließlich auf meine
Bestellungen mit Ausnahme von Hugo oder der Besitzerin des Strandgut

Mit denen ich auch über Gott und die Welt sprechen kann oder ihnen
Gelegentlich das eine oder andere Geschriebene in meinem Laptop zeige

Das ferienübliche Texten in WA mit Freunden aus der alten Heimat ist
Streng genommen auch kein Sprechen sondern eher ein Informieren

Besonders während der etwas länger dauernden Autofahrten von oder
Zur Insel und der Rückfahrt gestern vom Strandgut fiel es mir auf

Dass ich jetzt nur noch literarisch denke Während meine Augen nichts
Anderes zu tun haben als dem Verkehr vor der Frontscheibe zu folgen

Mein Denken zeigt dabei keinerlei Müdigkeit oder Desinteresse mehr
Und genießt das wilde und scheinbar zusammenhangslose Hin- und

Herhüpfen in meist bildhaft assoziierenden Gedankentagträumen Das
Nicht nur die Eltern und alle Deutschlehrer früher in den Wahnsinn trieb

Es macht mir bewusst Je weniger ich mit realen Menschen spreche
Desto mehr und lauter redet mein Denken aus mir heraus

The Feeling Goes On

In meinen Gedichten kann ich endlich so schreiben wie ich als Kind
Immer gedacht habe Himmel und Hölle aus meinen Fingern schleudern

Ich möchte es nicht mehr missen Als wäre mein Geist nur auf Ausgabe
Eingestellt was der Kopf an sprachlichen Wortgeburten so ausspuckt

Er fühlt sich fruchtbar und empfängnisbereit an In neu entfachter Lust
Wie Frauen Die schwanger werden und sich ein Kind wünschen

B. hat es provoziert Mein Schreiben Ich kann es noch immer nicht
Fassen In den Gedichten *Wo führt das alles noch hin*

The feeling goes on tönte es gestern aus dem Radio und lässt meine
Gedanken immer wieder erneut und jeden Tag auf Weltreise gehen

Ergebe mich dem aussichtslosen Kampf zwischen Körper und Geist
Die Flut von Sprache wenigstens für eine Weile zu unterbrechen

Damit ich mich hier erhole wie ich es mir selbst und meinem schwarzen
Hund vor meinem Urlaub versprochen habe Diesen Kampf so scheint es

Kann ich nicht gewinnen Bedenklich und gefährlich Das Denkkarussel
Ein Zustand Der mich vor nicht allzu langen Wochen in die Klinik brachte

Die brennende Kerze im Brunnen fällt mir wieder ein Die ich in den
Händen hielt bei meiner Reise hinunter ins Chaos der Inneren Welt

Doch es gibt einen Unterschied und den Glauben Dass meine Zukunft
im Schreiben mich nicht zerstört Wie die Sprachlosigkeit der Vergangenheit

Obwohl viele sagen Dass das Licht einer Kerze für eine kurze Zeitspan-
ne Nochmals heller aufleuchtet als zuvor Bevor es für immer erlischt

Hoffe ich fest Dass die so grell und heiß in mir lodernde Flamme der
Wörter mich nicht vor der Zeit von innen heraus verglüht

Segen To Go

Mit strenger Vernunft Die ich noch zu gut von meinem alten Vater kenne
Zwinge ich meine noch von letzter Nacht müden Beine nochmals aus

Dem erholsamen Nachmittagsbett auf eine längere einstündige Radtour
Zur schöngelegenen Badestelle mit Wiese und Holzsteg hinterm Deich

Bunten Strandkörben weit entferntem Möwengeschrei und Sonnen-
untergang inklusive In der Hoffnung Dass Beine und Lungen meine

Sorgfältig geplante Arbeit so gut verrichten Dass der nimmermüde Geist
Heute einmal zusammen mit den Beinen einschläft um sich zu erholen

Google Maps enttäuscht mich nicht auf dem Weg Die schöne Natur und
niedlichen Backsteinhäuser mit Reetdächern belohnen Fahrt und Augen

Sowie ein einzeln friedlich äsendes Reh auf einer weitgrünen Wiese
Mein einsam dahinfahrendes Rad scheucht einen Schwarm Stare auf

Bringt die dösenden Schafe aber nicht aus der Ruhe Als ich endlich nach
Einer Stunde den Deich am Meer zu der Badestelle hinunterfahre

Eine ältere Dame aus dem Strandkorb nebenan spricht mich an Sie sei
Aus dem Schwarzwald Wohne aber seit acht Jahren hier *Was ein Zufall*

Überrascht dass sie den gleichen Plan schon umgesetzt hat den ich
Auch habe Beginne ich ein Gespräch über Gott und die Welt In dem sie

Sagt dass nur der Herr ihr geholfen habe ihren kranken Bruder und die
Geliebte Mutter für eine letzte gemeinsame friedliche Zeit herzuholen

Und schließlich hier zu beerdigen Sie liebe die dänischen Gottesdienste
Mit der ursprünglichsten aller Verkündigungen des Wortes die sie kenne

Mit einem überraschenden Abschied der alten Dame im Ohr aus dem
Strandkorb nebenan trete ich meinen Rückweg an *Gottes Segen* für Sie

Stern des Südens

Alain Delon ist tot Sagte der Radiosprecher am Sonntag vor einigen
Tagen auf der Rückfahrt vom anderen Meer aus der unverdeckten Zeit

Die vor Gram sterbende Romy auf Quiberon über die verlorene Liebe
Den gemeinsamen Sohn kommt mir in den Sinn Das unvergessene Paar

Erinnert mich wie der Metzgerssohn zum Sinnbild eines aufstrebenden
Immer kühl lächelnden Beaus wurde Und seine unvergessenen Filme

Bis dorthin Als ich in der dämmernden Abendzeit in die Straße zur
Ferienwohnung einbiegend Schon von Weitem zu lachen beginne

Weil ich sehe Dass ein neuer schicker SchwabenCombi in Sylt nebenan
Eingezogen ist Protzend breit und unübersehbar steht auch er vor der

Eingangstür Diesmal mit dem Stern des Südens auf der Nase Erleichtert
Hier der Einzige mit badischem Kennzeichen zu bleiben Parke ich jetzt

Erst recht Meinen Skoda trotzig neben der Garage aus Backsteinen
Sodass nur sein rotes Hinterteil hinter der Garagenwand hervorschaut

Später Bei einer nächsten Morgenzigarette Lerne ich auch den ob des
Wetters vor sich hinbruddelnden Besitzer und seine Begleiterin kennen

Die Dienstagskundschaft

Sie kommen jede Woche dienstags ins Hugo's Treffen sich zu
Rhabarberschorle und einem zweiten Frühstück Wie Hugo mir erzählt

Nach und nach setzen sich vier wunderhübsche Damen neben den
Ehemaligen und jetzt pensionierten Tierarzt der Stadt mit Sonnenbrille

Gern komme ich Hugos Bitte nach und räume der lustigen Kundschaft
Meinen Platz vorm Café Damit er die Tische zusammenschieben kann

Den weiß ich wievielten Café Crema schlürfend und Pflaumenkuchen
Mit Sahne statt der geliebten Trümmertorte von seiner Schwester

Höre ich nebenbei ihrem vergnügten Plausch zu Wie begeistert sie vom
Film von gestern Abend auf Arte schwärmen Den auch ich gesehen habe

Mit Jean Gabin und Alain Delon Spontan beschließe ich Für sie dieses
Gedicht zu schreiben und ihnen vorzulesen

*Wie schön das klingt und wie Sie das einfach so aus dem Handgelenk
Schütteln* belohnt mich eine der Damen mit ihren lächelnden Ohren

Martinshorn aus dem Kopfkissen

Das schöne Wetter verlangt von mir nacher auf meine Insel zu fahren
Doch irgendwie zieht mich das Bett magisch an und seine Dunkelheit

Als ich vom Hugo's mit der lustigen Dienstagskundschaft nach Hause
Radle So frischlebendig und ausgeruht ich mich heute Morgen fühlte

Nachdem mein Plan mit der Radtour gestern so gut aufgegangen war
So müde drehe ich mich gleich auf die rechte Seite und lege den Kopf

Dankbar die Augen schließend aufs weiche Kissen Um sie Sekunden
Später wieder zu öffnen Als ich plötzlich ein Martinshorn höre

Die Ohren erheben sich mühsam nochmal aus dem Kissen und hören
Durchs halbgeöffnete Fenster nach Draußen Doch alles scheint ruhig

Vor dem Haus Verwirrt als ich meinen Kopf wieder zurückbette
Ist die Sirene mit dem bekannten Quartabstand nun mehr ein Rauschen

Das nicht allzu laut aber doch irgendwie beunruhigend aus dem
Kopfkissen dröhnt Einverstanden mit meiner Entscheidung

Dass es richtig gewesen war nicht auf die Insel zu fahren Spüre ich
Erleichtert wie der Rest meines Körpers schwer in der Matratze versinkt

Ein Jahr später

Sitze ich genau wieder am gleichen Tisch und bereue es nicht
Hierher gefahren zu sein Statt auf meine Insel

An den kulinarischen Lieblingsort meines Urlaubs vor einem Jahr
Ins *norditeran* Der Mann der mich begrüßt duzt mich sogleich

Als ich erstmal einen doppelten Espresso bei ihm bestelle *Mit aufge-
schäumter Milch* fragt er mich Was ich mit freundlichem Nicken bejahe

Der heiße Kaffee bringen Kopf und Finger sofort wieder auf Touren
Lässt mich gemütlich und hungrig mit Vorfreude auf das Essen warten

Die Spritzer der Oliventomatensauce von der Linguine mit Garnelen
Rucola und Parmesan nehmen mir die Entscheidung endgültig ab

Morgen eine Frische Hose und ein frisches Hemd anzuziehen Nicht aber
Die Freude darüber auch dieses Jahr ins *norditeran* eingekehrt zu sein

Zwischenbeobachtungen 2

Leicht kühler Wind blauer Himmel weiße und dunkelgraue Wolken
Nordwetter nach einer Regennacht Die richtige Zeit um in der 3. Woche
diese Beobachtungen zu Papier zu bringen

Beobachtung 1:
Ich habe das mir selbst auferlegte Tabu gebrochen Und bin zweimal in
der Nacht aufgestanden um zu schreiben
Ein untrügliches Anzeichen dafür Dass bald die Unverdeckte Zeit
Wieder von der Bedeckten Zeit abgelöst wird

Beobachtung 2:
Ich spüre nicht mehr das Bedürfnis am Meer sein zu wollen
Fahre lieber zu Hugo um meiner Lieblingsbeschäftigung nachzugehen
Wie die Küstenbewohner von hier manchmal wochen- und monate-
lang Nicht mal schnell ans Meer gehen Weil sie es in sich tragen Und
begrüße gleich die unverkennbare Stimme von Miles Davis aus seiner
gestopften Trompete als ich zur Hugo's Tür hereinschaue

Beobachtung 3:
Meine Vorfreude ist so grenzenlos wenn ich mich im Bad einigermaßen
Vorzeigbar herrichte um auch optisch im Hugo's nicht negativ aufzufallen
Ich schwitzte vor Aufregung beim Zähneputzen und Rasieren leicht unter
den Achseln sodass ich mir schnell noch eine Dosis mehr von meinem
Issey Miyake nehme bevor ich losfahre

Beobachtung 4:
Habe Hugo gefragt wo ich mir einen Schal für Männer kaufen kann Weil
ich den Wind unterschätzt habe Er schickt mich ins Geschäft gegenüber
Damit ich weiter ungestört draußen rauchen kann Die freundliche Frau
im Geschäft sucht ohne langes Zögern einen Passenden für mich aus
Hugo grinst nur Als er das nächste Mal den anderen Gästen draußen
den Kaffee bringt Kaufe mir eine halbe Stunde später noch eine hübsche
und winddichte dunkelgraue Fleecejacke dazu Ein paar Häuser weiter

Hugo und auch ich haben keine Fragen mehr

Herbsttag

Es wird Herbst Sagt das kleine braune Blatt
Das der Wind durch mein halbgeöffnetes Küchendachfenster trägt

Er wird lauter Der Wind Als gestern Sagen mir die kalten Finger ins
Gesicht und hole die warme Jacke vom Haken im Flur

Weiterschreibe an meinem von keiner Zeit gedeckten Tisch
Die Schmerzen in meinen verspannten Schultern wegtippend

Werden Arme und Finger langsam wieder wärmer
Denn noch ist es nicht die Zeit

Für heute die Arbeit ruhen zu lassen
Gleichwohl außer dem Blatt nun Dunkelheit durchs Dachfenster kriecht

Kommt der Herbst im Norden früher als im Süden zu Hause Fragen die
Finger *Ja* sagt mein Blick nach draußen in die kommende Nacht hinaus

Vorbilder

Die Bücherschränke zu Hause
Kennen keine Lyrik in ihren Regalen Nur Romane und Bildbände

Die entfernteste Erinnerung an Schule und Studium las einmal Brecht
Böll Celan Aichinger Fried Grass Bachmann Enzensberger und Wolf

Was wenn der Jemand der meine Gedichte liest sagt *Das kenne ich*
Schreibt er nicht wie oder *Ist seine Sprache nicht wie die von*

Werde ich solches jemand fragen hören Was antworte ich ihm
Hoffend dass Herr oder Frau Jemand diese Frage nie stellen wird

Habe ich keine Vorbilder dem Namen nach Schreibe nur was mir meine
Sprechenden Finger in die Tastatur hinein- oder dazwischenreden

Wer gibt sich das Recht zu einem Urteil Bin ich froh
Dass alle Reich- Ranickis meinen Worten nicht mehr trauen müssen

Beende jegliche Diskussionen um Vorbilder und Urteile mit den Worten
Es war an einem Mittwochabend im schönsten Spätsommer

Fredrik J. Lyles Ein ehemaliger Lehrer Saß an seinem Küchentisch in
Seiner Dachwohnung im ersten Stock eines niedrigen Backsteinhauses

Gesicht in der Pfütze

Woran es liegt kann ich nicht sagen Ich versuche es stattdessen mit
Schreiben *An mir* Oder der Tatsache Dass ein Grenzgänger in dieser

Grenzstadt von der er hofft dass sie zu seiner letzten Heimat wird
Zu Besuch ist für ein begrenztes Stück unverdeckter Zeit

Bin mir zuversichtlich dass ich sicher revidieren kann was ich Tage
Zuvor In Sprechen und Denken schrieb Was das Sprechen betrifft

Ich frage den draußen im Hugo's neben mir sitzenden Schwarzen Hund
War das wirklich wahr Dieses Gespräch *Keine Ahnung* brummt er

Diese reale Begegnung gestern mit U. Wir vereinbarten eine Stunde
Später tatsächlich Dass ich sie so nennen soll und sie mich F.

Plötzlich am Tisch neben mir sitzend Vor einem Augenblick noch aus
Dem Augenwinkel am anderen Ende wissend Schaute U. in ihr Handy

Vor unserem Auseinandergehen hinterher waren wir beide ziemlich
Sicher uns nicht mehr wiederzusehen Versprach ich Dass ich keine

Worte über unsere Begegnung in meinen Laptop verlieren werde
Was ich wiederum revidieren muss Als ich heute Morgen dieses Mal

Über grauschweren Wolken unter Hugo's Glasdach plötzlich ein
Freundliches *Hallo* höre U. anhält und vom Rad steigt

Unser verrückt absurdes Gespräch von gestern noch im Ohr begann
Mit meinem Angebot Sie möge diese Zeilen lesen wenn sie wolle

Darauf wartend ihren Kaffee zu bezahlen Das Lesen mündete
In ein lustiges Ich zeig dir Meins Du zeigst mir Deins- Spiel

Sie spiele E-Gitarre Mit gebührendem Respekt bewunderten meine
Ohren ihre schöne Eigenkomposition im Handy Zeigte mir darin ein Foto

Das sie vor nicht zu langer Zeit von sich machte Ein ungewöhnlich
Faszinierendes Portrait Das sich nachhaltig im Auge festsetzt

Ein Spiegelgesicht Von der Seite fotografiert in brauntrübem Wasser
Einer Pfütze Ist es gestochen scharf und doch verschwommen

Das passt zu ihr wie ich finde Und auch zu unseren abgekürzten
Vornamen wie die Faust aufs Auge Mit denen wir uns heute auch

Wie selbstverständlich begrüßten Dann geschieht das Gleiche wie
Schon gestern U. redet raketenschnell und gedankenhinundherspringend

Ohne Punkt und Komma Wie ein hastig durchgeblättertes Wörterbuch
Bis sich eine riesengroße Geschichte auf meiner Sitzbank auftürmt

Der Schwarze Hund neben mir schüttelt missbilligend seinen Kopf
Und knurrt nur ein Wort vor sich hin Das ich an sie weitergebe *Atme*

Erzählt vom alten Vater bei dem sie vorübergehend wohnt Um sich zu
Kümmern Und den Neben- und Aneinandervorbeigesprächen mit ihm

Die sie täglich ein wenig wütender machen Obwohl sie ihn doch liebt
Der seinen eigenen Kopf verteidigt gegen die Adoptivtochter U.

Sie vermisse Berlin wo sie eigentlich wohnt Und ihren Freund M.
Den sie des Vaters wegen schon länger nicht mehr gesehen hat

Der angsteinflößenden Schwester auf einer Insel Ihrem seltsamen
Verhalten Dass sie gern und lieber eine Einzeltherapie hätte

Um dieses verworrene und verknotete Chaos in ihrem Kopf irgendwie
Loszuwerden In dem sie sich aus Verantwortungsgefühl

Gefangen fühlt mit den traurigen Worten *Es ist doch meine Familie*
Als mich ihre Geschichte überfüllt Empfiehlt mir

Mein Hund die Sätze ins Ohr *Komm wieder und erzähle mir den Rest*
Hugo macht heute schon früher zu Und verabschiede mich von ihr

Zwischenbeobachtungen 3

Beobachtung 1:
Es vergeht keine Woche mehr sondern nur noch ein Tag um die Veränderungen zu beobachten die sich wie eine Verwandlung anfühlen
Die Zeit zerrinnt mir zwischen den Fingern wie Sand

Beobachtung 2:
Brauche jeden Tag einen Mittagsschlaf Kann kaum noch zuverlässig meine Rechtschreibfehler finden beim Hinterherlesen
Die Anstrengung meines stundenlangen Schreibens vom Vormittag bis in den Nachmittag hinein wird immer größer und spürbarer

Beobachtung 3:
Schreibe nicht mehr eins nach dem anderen sondern drei Gedichte gleichzeitig nebeneinander her
Es fällt mir immer schwerer die Sturmflut der Gedanken in das richtige Gedicht zu kanalisieren

Beobachtung 4:
Habe nicht mehr die Kraft irgendwo draußen einen schönen Ort zum Schreiben aufzusuchen
Schreibe seit vorgestern jeden Abend und manchmal auch nachts im Wohnzimmer am großen Tisch in bequemer Schreibhöhe und der angenehmen Unterlage aus schwarzem Filz und Kaffeetasse daneben

Beobachtung 5:
Beschließe scherzhaft meinen Geist hier im Urlaub zurücklassen und den Körper sofort in die Reha zu schicken wenn ich wieder zu Hause bin
Weiß selbst wie absurd das klingt Aber es ist die Wahrheit

Beobachtung 6:
Habe mir die neueste Ausgabe von 2024 mit seinen Briefen an Milena im Buchladen bestellt Bevor sein Jubiläumsjahr zu Ende geht
Es wird das einzige Buch bleiben das ich hier lese

Einzige und hoffentlich letzte Frage
Finde ich irgendwann noch den Rhythmus von Schreiben und Erholung

Schlafes Bruder

Ich habe es immer gewusst Nicht erst seit dem Film von Vilsmeier
Warum er so genannt wird

Wünsche mir Dass er sich genauso anfühlen wird
Wie jetzt Während ich von oben von der Decke aus mich beobachte

Meinen Fingern befehle aufzuschreiben was sie gesehen haben
Wie ich im Halbmittagsschlaf im Bett

Mit geschlossenen Augen halb auf dem Bauch liegend
Die Arme angewinkelt Das rechte Ohr auf dem Kopfkissen

Beide Hände daruntergeschoben Das rechte Bein bequem nach unten
Ausgestreckt Das Linke im 90° Winkel weit abgespreizt

Höre ich mit dem besseren linken Ohr dem Rauschen des Windes zu
Als will er mir mit seiner Melodie beweisen Dass der Herbst kommt

So liege ich ruhig atmend da Kann und will meine Augen nicht öffnen
Höre ihm einfach nur zu Der Rauschewindmusik vor dem Fenster

Die plötzlich abbricht Als fordere die Pause auf Mich endlich zu erheben
Um kurz darauf seine Melodie wieder von Neuem zu beginnen

Sodass ich noch eine lange Weile so liegen bleibe
Die unendliche Schwere fühle In allen Gliedern und in meinem Kopf

In solch endgültigem letzten Frieden
Will ich einst den Bruder mit freundlichem Lächeln begrüßen

Wenn er mich abholen kommt
Um nicht mehr aufwachen zu müssen

Vorerst quäle ich mich noch schwindelnd und taumelnd herauf
Aus dem schweren Bett in das dumpfe Nachmittagsgrau

Da

Sitzt er wieder Siehst du Das ist der Der jeden Tag herkommt
So weit ist es schon gekommen

Dass die Augen der Leute beginnen zu reden über das immergleiche Bild
Das sie sehen Wenn sie am Vormittag im Hugo vorbeischauen

Oder vorbeilaufen beim Einkaufen auf der Straße
Und mit einem Blick gleichsam kontrollieren

Ob das gewohnte Bild von gestern und vorgestern noch stimmt
Der mit dem Laptop und Café Crema vor sich

Da draußen am Tisch Immer noch mit Zigarette im Mund Er ist noch da
Mir ist das so was von egal Wie ein Blinder sehe ich nur nach innen

So ist es hier Mein tägliches Leben In diesem und im nächsten Morgen
Und dem danach Für mich stimmt es so Das Bild

Das sie haben von mir Einige von ihnen grüßen mich inzwischen
Was ich auch gerne erwidere

Wie der Mann der mit seinem elektrischen Rollstuhl anhält und mit
Einem Lächeln und einem kurzen *Tschau* dann wieder weiterfährt

Freue ich mich darüber Wie über das junge Paar Wohl Schulkameraden
Das sich jetzt neben mich setzt mit dem Satz

Es ist schön hier
Wie recht sie doch haben denke ich

Solange Hugos erster Morgenkaffee schön heiß ist
Froh dass es länger dauert Bis er durchs Schreiben wieder mal

Viel zu schnell erkaltet So wie das Wetter heute
Das mich ohne schlechtes Gewissen wieder hierher gestrandet hat

Auch U. kommt heute vorbei In mein da Draußen vor Hugo's Café
Setzt sich neben mich

Bestelle für sie drinnen bei Hugo Ihren Kaffee
Der so anders ist als meiner

Weil sie Angst hat Vor zu viel Koffein in ihrem Körper
Einen kleinen Espresso in großer Tasse mit viel heißer Hafermilch

Nahtlos beginnen wir da mit dem Reden
Wo wir gestern aufgehört haben

Über Musik und die Welt
Stellen fest Dass wir die gleichen Gitarristen hören

Das gleiche Taubheitsgefühl im Bein haben
Wegen eines dreifachen Bandscheibenvorfalls

Sie im rechten und ich im linken Bein
Lache ich erneut laut über die überraschenden Gemeinsamkeiten

Redet wieder mit ihrem ohne Punkt und Komma
Das ich von ihr hören will

Bis unser beider Kaffee nur halb ausgetrunken und kalt
Vor uns auf dem kleinen Holztisch steht

Was keinen von uns wirklich überrascht Aufsteht und sagt
Bis später Ich komme wieder Ich will meinen Kaffee noch austrinken

Ihren Kaffee jetzt vor Hugo rette Der ihn abräumen will
Als er mir zwei leckere Käsebrötchen bringt und neuen heißen Crema

Ob U. wohl tatsächlich nochmal vorbeikommt und ihn kalt austrinkt
Beschließe ich ab da Aufzuhören mir Gedanken darüber zu machen

Was noch passiert wird in dieser Stadt und gebe Hugo Bescheid Weil ich
Vergessen habe mein bestelltes Buch über Franz und Milena abzuholen

Prasselregen von unten

Wütend darüber Dass das unüberhörbare Prasseln gegen mein Dachfens-
ter Weshalb ich schnell aufspringe um dieses zu schließen

Kein Regen ist Sondern die Stakkatobruddelei des Sylter Schwaben
Der gestern Abend doch wieder zurückgekehrt zu sein schien

Die von unten durchs Dachfenster herein in meinem Schlafzimmer
Mich gewaltsam aus dem Halbmittagsschlaf reißt Stapfe ich blind vor

Müdigkeit in die Küche Koche mir erstmal Kaffee Dann mich wieder
Zurücktastend ins Bett Höre ich von dort aus auf dem Rücken liegend

Mit geschlossenen Augen dem Röcheln der Kaffeemaschine von
Nebenan zu und beschließe nach meinem Sonntagsgespräch mit U.

Einige Sätze in *Prozess* und *Urteil* nochmals zu überdenken und
Umzuschreiben Fühle mich erst nach dem ersten Schluck Kaffee

Und einem italienischen Keks *Frollino del Buongiorno* aus dem Rewe
Bereit Ihrem Urteil vertrauend Der Wahrheit ins Auge zu blicken

Nachdem ich ihr heute Vormittag den ganzen Rest von meiner
Verbundenheit zu B. anvertraute *Ich möchte nicht von Schuld sprechen*

Eher von Verantwortung sagte sie Es habe auch an mir gelegen
Dass der Richter so Recht gesprochen hatte mit seinem Urteil

Wörternektar

Dem bruddelnden Schwaben dankbar Dass er mich aus dem Nachmit-
tagsbett weckte Weil ich sonst alles vergessen hätte

Erinnere ich mich an ihn den überraschenden Besuch einer neugierigen
Biene heute Morgen In Lola's Café der unser anregendes Gespräch

Abrupt verstummen ließ und U. den gleichen Gedanken habend wie ich
Sofort das Handy zückte Wir sogar die Plätze gegenüber tauschten

Damit sie das sich ungewöhnlich verhaltende Insekt aus nächster Nähe
Fotografieren konnte *Das Bild will ich haben wenn du es fertig hast*

Es war nämlich auf meinem Buch von Franz und Milena gelandet
Das auf dem runden Tisch vor mir neben meinem Laptop lag

In dem ich gelesen hatte bevor U. sich entschloss ins Café zu kommen
Und blieb dort sehr lange sitzen Als habe sie auf dem blütenweißen

Cover des Buches irgendetwas Schmackhaftes gefunden und
Heraussaugen wollen *Wörternektar vielleicht* lache ich zu U. hinüber

Während ich dies schreibe in meiner kleinen Küche fällt mir wieder ein
Dass ich noch etwas Überraschendes erlebt hatte Seit sehr langer Zeit

Eigentlich U. davon berichten wollte als wir beschlossen zum Rewe zu
Fahren Weil es zu heiß wurde im Café und sie noch einkaufen wollte

Am Bäckereistand am Eingang kaufte ich mir noch Brötchen und
Croissants für die Fahrt nach Hause Drehte mich zum Ausgang

Um zu den Fahrrädern hinauszugehen Entdeckte ich ein Zwei-Eurostück
Direkt vor mir auf dem Boden liegend Kaum zu erkennen auf den

Gemusterten Fliesen bückte ich mich sogleich Um es aufzuheben und
Schmunzelte Mich an das Erdbeercroissant vor Tagen erinnernd

Aus keiner Wolke

Fällt der seichte Regen in leicht durchschaubaren dünnen Schnüren
Als ich nach dem Wörternektar vor der Tür eine Zigarette rauche

In den Himmel schaue Während die Sonne scheint und nach der Wolke
Suche Zu der dieser Regen gehört der so leicht wie Schneeflocken fällt

Das gibt es nur hier im Norden denke ich Als ich die Wolke nicht finde
Der Wind ihn in Sekunden drehen lässt sehne ich mich für immer nach

Diesem Regen Empfinde aber keine Traurigkeit oder Resignation
Aus dieser Zeit hier zu fallen Zurück in eine Andere

Wo es solch einen Regen nicht gibt Fühle ich eine Ruhe in mir
Sie zu einem Ende gebracht zu haben Meine Unverdeckte Zeit

In der ich all diese Gedichte geschrieben habe Über vergangene
Gegenwärtige und zukünftige Zeit

Was würde passieren Was würde geschehen Wenn es soweit wäre
Fällt mir da wieder ein Als ich die fertiggerauchte Zigarette

Im Aschenbecher auf dem Holztisch ausdrücke vor dem Haus
Und den Sommernieselregen unten zurücklasse

Abgelaufen

Ist nun die Unverdeckte Zeit in meiner Sanduhr am Meer
Zeit um sich vorzubereiten

Auf den Abschied vom Hier und Da
Nicht meine Stärke Noch nie gewesen Das Abschiednehmen

Abgelaufen ist meine Aufenthaltserlaubnis
In dieser Grenzstadt

Deren Name in beiden Sprachen so schön und
Ähnlich klingt

Abgelaufen sind auch die Wochentage auf der Blisterpackung
Meines Blutverdünners zum Frühstück

Meine Zeit in Hugo's Café
Das ich der Insel mit den beiden Ø vorgezogen habe

Dass ich mich nicht von ihr verabschieden konnte für dieses Jahr
Ist nicht mehr wichtig

Dagegen sehr schmerzhaft Ohne einen Abschied von Hugo zu gehen
Der zu meinem Anker wurde in den drei Wochen

In dieser geliebten Grenzstadt Weil sein Café bei meiner
Abreise leider geschlossen war

Doch auch die unaufschiebbare Rückkehr heute in meine alte Stadt
Kann nicht mehr verleugnen

Dass die Neue ab morgen geduldig auf mich wartet
Bis sie zur Heimat Meiner letzten und einzigen geworden ist

Für eine neue unverdeckte Zeit
Ohne Sanduhr mehr

Abgestanden

Roch die Luft nach drei Wochen als L. sein altes Haus aufschloss
Am Rand der Berge ohne Meer

Der Morgen dämmerte schon
Weil er über Nacht gefahren war Holte er nur das Nötigste aus dem Auto

Legten L. und sein zotteliger Hund sich in das alte Bett und
Fielen in einen traumlosen Schlaf bis zum Nachmittag

Nicht ohne vorher die Fenster aufzureißen
Um die letzte Kühle der Nacht noch hereinzubitten

Ahnend wie unbarmherzig der Tag sein würde im Süden
Viel zu hell und viel zu heiß

Wusste L. sofort was ihm fehlte
Als er noch müde vom Schlaf durch alte Räume und Zeit taumelte

Weil er mit seinen Füßen wie auch dem Rest seines Körpers
Noch in der kleinen Dachwohnung geblieben war

Merkte L. dass nicht nur den Füßen der
Sichere Tritt fehlte und setzte sich mit Zigarette und dem ersten Kaffee

Den er schwarz trank auf die Terrasse
Abgestanden war nämlich längst auch die Milch aus dem Kühlschrank

Die L. vergessen hatte
Vor seiner Abreise in den Abfluss zu schütten

Es war der Wind aus dem Norden Der ihm fehlte
Der mit seiner Kühle der heißen Sonne immer etwas entgegensetze

L. musste nun selbst für frischen Wind sorgen Damit sein Hund
Dem das alte Haus besser gefiel Sich nicht wieder allzu wohl fühlte

Zurückgetrieben

Wurde ich in meinen Alltag Ohne ein Bedauern wäre gelogen
Es muss weitergehen Du kannst noch nicht aufhören Nicht jetzt

Scheidungsverhandlungen wieder aufnehmen Das Haus in Ordnung
Bringen Wäsche waschen Glasdach auf der Terrasse putzen

KollegInnen zur Vorbereitung auf der Arbeit treffen Wiedereingliede-
rungsformalitäten sind ein bitterer Vorgeschmack auf die dröge

Banalität des Alltags und die Vorahnung Dass es erstmal vorbei sein
Wird mit dem Schreiben und der Reise durch meine Innenwelten

Erinnerte mich an das starke Gefühl Das ich in meiner Jugendzeit hatte
Der Grausamkeit der einengenden Zwänge von Familie und Umfeld

Ausgeliefert zu sein und nicht entfliehen zu können
Das Hamsterrad hatte mich wieder

Ein Glück war die beruhigende Tatsache Dass es keinen auf der Arbeit
Weiter interessierte Was mit mir los war und warum es geschehen war

Warum ich solange gefehlt hatte
Das erleichterte mir einigermaßen wieder meinen Platz zu finden

Die Einzigen die noch eine Erklärung wollten
Waren die Kinder meiner Klasse auf die ich mich ehrlich gesagt

Am meisten freute Wie lange das anhält lässt sich nicht vorhersagen
Machte mir deutlich Dass ich irgendeine Geschichte brauchte

Für mein altes Leben Das fürs Erste so weitergehen wird
Wie es aufgehört hatte Mein Schwarzer Hund und ich sind jedenfalls

Der gleichen Meinung Dass die Reparatur meiner Psyche nicht unbedingt
Restlos geglückt Aber auch nicht vergebens war

Transparent

ist sie geworden Die Haut Bei meinem Besuch
Des alten 94-Jährigen im Krankenbett des Krankenhauses

Faltig Schlapprig und blau Durchscheinend wegen des Blutverdünners
Durch Blutergüsse Stürze und Infusionen

Sickert aus dieser auch das Wissen
Um die angebrochenen letzten Tage seines Lebens

Und mit ihm die Hilf- und Kraftlosigkeit Die Angst vor der Einsamkeit
Des Sterbens eines so starken und respekteinflößenden Mannes

Wunden die sich nicht mehr schließen wollen
Muskelmasse in Armen und Beinen schnell verschwunden

Fließen seine Tränen
Ob der ungewissen Zukunft nach seiner Hüft- OP

Die altgewordene Haut kann sie nicht mehr zurückhalten
Die Zuversicht und die Kraft seines Körpers hat ihn verlassen

Wissend Dass die Söhne derweil das
Sterbebett für ihn bereiteten ins Erdgeschoss hinunter

Wie sie es schon vor zwei Jahren taten Für seine Frau und ihre Mutter
Durch alle Poren kriecht die immer wieder entschuldigende Geste

Bei meinem Krankenbesuch Wie schwer ihm das Angewiesensein auf
Fremde Hilfe von Pflegerinnen und Söhnen fällt

Überrascht Dass mir eine liebevolle Umarmung wie
Selbstverständlich gelingt Als ich mich Beim Abschied über das Bett

Meines Vaters beuge Genauso wie ein zärtliches Streicheln über seine
Stirn mit dem Flüstern *Wir sind für dich da* verlasse ich sein Krankenbett

Eingeholt

Hatten mich auf der Straße die alten Geschichten über mich
Schon lange nicht mehr gesehen

Begrüßte mich neulich die Verkäuferin in der Bäckerei
Als ich Butterbrezeln und Kuchen für den Geburtstag bestellte

Ohne mit der Wimper zu zucken nickte ich ihre Äußerung beiseite
Worauf sie antworte *Ich bin ja auch nicht immer da*

Man hört ja so einiges Sagte mir der frühere Elternvertreter
Am nächsten Tag an der Kasse im Supermarkt

Als er mich erkannte und wir einen Smalltalk begannen
Fragte ich nicht weiter nach Erkundigte mich nach seinem Sohn

Ich wusste Dass sich solche Begegnungen
Häufen würden in der alten Stadt

Wenn ich wieder arbeitete und weiter keinen Grund hatte Wie vorher
Meine Einkaufszeiten auf kurz vor Ladenschluss zu verschieben

Die Stadt hatte genau die richtige Größe Für diese Art von Geschichten
Und Gerüchten über mein Leben

Es wunderte mich nicht Sie irgendwo auf der Straße anzutreffen
Überraschend jedoch Wie souverän ich sie wegignorieren konnte

Ohne das Gefühl Sie korrigieren zu müssen Und doch nährte es umso
Stärker meinen Wunsch Der Stadt und meinen Geschichten

Schnellstmöglich und ein für alle mal den Rücken zu kehren
Denn wie für alle Geschichtenerzähler gilt das Grundprinzip

Bis zur nächsten erzählenswerten Katastrophe in der Stadt
Aus den Augen aus dem Sinn

Vorübergehen

Werden die alten Tage
Die sich wie grauer Nebel über mein Leben gelegt haben

Mein altes Ich Meine alte Ruine Meine alte Arbeit Meine neuen Morgen
Sind im Herbst angekommen und bereiten sich ein letztes Mal vor

Auf die kaltstarre Ernüchterung des Winters
Gelegt ist jedoch schon der Samen

Des nahenden Frühjahrs und Sommers
Wenn der Nebel sich lichtet

Schält sich etwas anderes etwas neues heraus aus dem Alten
Wie eine Schlange die sich schlafend häutet

Werde ich mein altes Leben in der Höhle abstreifen
Wenn die Zeit reif ist

Zurückgelassen sein wird alles Alte und
Zu eng gewordene Vertrocknen und zu Staub zerfallen

Noch ist die Zeit nicht gekommen
Doch er sprießt schon Der tief unter die rissige Haut

Gekrochene Gedanke juckt und kratzt
In der einsamen Behausung

Wie ein wärmender Traum flüstert es leise
Im kalten Nebel des erstarrten Körpers

Im Verborgenen schläft
Das noch unausgesprochen schlummernde Versprechen

Auf ein erneut erwachendes Lebendigwerden
Im neuen Gewand

Laut

Mag ich sie am liebsten / je lauter umso besser / die Stille
Als Versenkungskünstler / allein mit den Geräuschen /

Die nur ich verursache / wenn ich den Kaffee schlürfe /
Auf der Terrasse / ausgenommen die herbstlichen Vögel /

Verschnaufpause vom ständigen Knirschen der mahlenden Mühlsteine /
Im Inneren / die mich zermürben / und dem penetranten Brüllen /

Des banalisierten Außenlebens / das mich in die Richtung funktioniert /
Die ich und andere von mir erwarten / versinke ich zeitlupenartig im /

Kontrastschönen Herbstlicht / ohne Gedanken an Davor und Danach /
Vor allem Wann und Warum / weit ab von Zeit Raum und /

Den Relevanzen und Dringlichkeiten aller E-Mails Anliegen Anrufen /
Und To do's / verzehre ich hungrig den kurzen Drift der Stille /

Verschwinde ich im tieferfallenden Nichtanwesendsein und müssen /
Aus dem so wichtigen Strukturiert der Bodenständigkeit /

Hinaus und hinunter / hinein ins Bodensinnlose / befreit /
Oben und unten vergehen gründlich / bis alles Gedröhn verstummt /

Ins Magma des Nichtsmehrbedeutens / keine interpretierbaren Kondens-
streifen hinterlassend / heraus aus dem Irrgarten der Vernunft /

Dem scharfkantigen Spalt zwischen den Polen Aufruhr und Ruhe /
Profanem und Profundem / zwischen Geerdet und Entgrenzung /

Für diesen Moment davon in Ruhe gelassen / zur zeitlosen Stille
Beruhigt und überwunden / kann ich freien Gedankens durchatmen /

Obgleich wissend / dass dieser besondere Augenblick vergeht /
Nicht ewig dauert / Bis alles Laute wieder von selbst hineindröhnt

Nachwort und Anmerkungen

Den aufmerksamen LeserInnen wird nicht entgangen sein, dass einige versteckte Anspielungen und Bilder aus Filmen und Romanen in meine Gedichte miteingeflossen sind, die ich aus Gründen der Quellenangabe und der Bewunderung nicht verschweigen möchte:

Die Romane *Der Prozess* und *Das Urteil* von Franz Kafka
Ein Zitat aus Margarete Buber- Neumanns Buch *Milena Kafkas Freundin*
Das Buch von Matthew Johnstone *Mein Schwarzer Hund*
Die Bücher von Max Frisch *Homo Faber* und *Mein Name sei Gantenbein*
Maren Kames *Hasenprosa*
Der Roman *Schlafes Bruder* von Robert Schneider
Der Film von Quentin Tarantino *Kill Bill 1 und 2*
Ein *Selbstportrait* von Pablo Picasso
Der Schrei von Edward Munch
Ein Zitat aus einem Zeitungsartikel über Billie Eilish:
„Die Monster, die bisher unter dem Bett lauerten, sitzen nun am Tisch."
Das Restaurant *norditeran* in Bordelum
Die Musik von *Pat Metheny Group* und *Alan Holdsworth*
Die Songs von *Wilhelmine*: *Einssein* und *Ich gehör wieder mir*
(Wilhelmines Songs sind autobiografisch, ausdrucksstark und ihre Texte sehr lyrisch. Seit ich sie 2024 in *Inas Nacht* gemeinsam mit der Sängerin *Juno* hörte mit dem Lied *Paula*)

Und natürlich das *Café Hugo*. Dessen Besitzer ich besonders dankbar bin. Der mich nicht nur mit unzähligen leckeren Kaffees, Brötchen und Kuchen, sondern auch mit einer wohltuenden Freundlichkeit und Diskretion versorgte. Als sein Café zur täglichen Heimat für meine unverdeckte Zeit im Urlaub wurde und somit maßgeblich Anteil an der Entstehung dieses Gedichtbandes hat.

Über den Autor

Fredrik J. Lyles ist in Heilbronn geboren. Studierte Deutsch und Musik an der Pädagogischen Hochschule in Ludwigsburg und Freiburg und arbeitet im badischen Teil Baden-Württembergs als Grundschullehrer.

fredrik.j.lyles@online.de

Fredrik J. Lyles an seinem letzten Urlaubstag vor seinem geschlossenen Lieblingscafé sitzend. Foto: U.